Elisabeth Ebel

sphinxe ausgestreckt am wüstensaum

reisebilder

Elisabeth Ebel

SPHINXE
ausgestreckt am wüstensaum

REISEBILDER

für TERESA in/und HAVANNA

ISBN 3-8311-4107-

Printed in Germany

Herstellung: Books on Demand GmbH

Mail to: elisabeth.ebel@arcor.de

Die Deutsche Bibliothek – CIP Einheitsaufnahme
Ebel, Elisabeth:
Sphinxe ausgestreckt am Wüstensaum: Reisebilder/ Elisabeth Ebel -
ISBN 3-8311-4107-X

<u>Einar Schleef</u>
In einer zeit, die männlichen triumph feiert,
gelingt es einer weiblichen figur nicht mehr,
im zentrum fuss zu fassen.

<u>Lydia Lunch</u>
Traurige zeiten.
Besonders für menschen, die in aller einsamkeit arbeiten
und nur von wenigen geschätzt werden.
Was mich zwingt weiterzumachen, weil ich sonst explodieren würde, ist mein wissen,
das eine minderheit existiert, die meinen standpunkt kennenlernen will. Ich bin die
stadtschreierin,
ich will meine spur in der geschichte hinterlassen,
wie die geschichte ihrespuren in mir hinterlassen hat.

<u>Heiner Müller</u>
Aber die worte fallen in das getriebe der welt uneinholbar
kenntlich machend die dinge oder unkenntlich
tödlich dem menschen ist das unkenntliche.

<u>Kathy Acker</u>
Verlassen wir uns ruhig auf die verderbtesten sprachen;
das sexuelle ist heute unweigerlich die domäne der kunst.

<u>Joseph Kosuth</u>
Es gibt keine neuen formen, nur neue bedeutungen.
Künstler beschäftigen sich mit dem herstellen von bedeutung.

INHALT

007 Wissembourg: die neunte Grenze

086 Die Reise nach Frankfurt

099 Wien-Berlin und weiter

107 Und weiter.Vom Meer her

111 A Passage to America

118 Seattle via Leningrad

141 talEUban

WISSEMBOURG: DIE NEUNTE GRENZE

An Teresa

Montag, 16. Juli 2001 - Berlin

Selbstverständlich wäre als erstes eintragsdatum mir der 14. Juli lieber gewesen, aber letzten Samstag war noch gar nicht daran zu denken, das irgendetwas mich hätte veranlassen können, schon ab jetzt mit dem schreiben anzufangen und nicht erst ab dem 26.August, dem beginn meiner zweiten reise nach Frankreich, deren länge, acht wochen, gleichsam als ausdauerprüfung mir oblag, denn länger als drei wochen war Deutschland ich nie fern.

Noch ohne schreibplan war ich am 14.Juli, war im garten, habe gekocht, gegrillt und bei bier bis nachts um 12 draussen gesessen und geredet, über die selbstvergessenheit des staates vor allem, über zahlungsväter einerseits, deren lohn ohne einspruchsrecht einfach gepfändet werden darf, und rentenstrafrecht andererseits, weil, trotz erfolgreicher klagen gegen die BRD, der staat nichthandelnd die gesetzgebung hinauszögert, vermutlich mindestens solange, bis zwei drittel der bezüglichen anspruchspersonen gen himmel gefahren sein werden, ganz nach dem sehr erfolgreichen muster von zwangsarbeiterentschädigungen für das DRITTE deutschland, wo STAAT im unternehmer-interesse sich ja auch eine lange leitung geleistet hat.

Sonntag sehr unbeständiges wetter und also nach dem mittagessen nach hause gefahren, wäsche in die waschmaschine geschmissen, und bei einem bier die post geöffnet, u.a. von Bof:

"12.Juli 2001, Liebe E. Du kannst am 30. August d.J. bei mir übernachten."

Am 10.Juni 2001 hatte er geschrieben:

"Liebe E., le Chateau de Madame de Sèvigné. Das ist die, die die vielen Briefe an ihre Tocher geschrieben hat und von der bei Marcel Proust soviel zu lesen ist. Hier [Grignan] hat sie gelebt (geliebt?), vielleicht auch gelitten, wie Du, durch einen frauenfeinlichen Robert, der aber nicht E-feindlich."

Und am 14. desselben monats, desselben jahres:

"Liebe E., Dein Robert hat sich bereits für einige Tage in diesem kleinen Dorf [LACOSTE], berühmt durch den auch Dir bekannten Marquis {de Sade], in der Provence, in einem Hotel etabliert. Da fallen ihm doch auch die textuellen Spiele ein, die R. an E. geschrieben. Er bekommt hier Lust, neue zu erfinden, die er ihr, nicht nur auf Papier, sondern auf biologischem Pergament ... lassen möchte. Das Wasser nach dem Schnaps böte die Ursache für eine Behandlung, ganz nach Art des Schlossbesitzers. D'accord? A bientôt. R."

Zwei postkarten aus Frankreich, und zugleich bei mir die erinnerung an Wissembourg, da, zum ersten mal, als jene grenze ich überschritt, eine heraufholung von gefühl, ziemlich sentimental und tränig, jedoch ein gefühl, das bei den acht vorhergehenden grenzüberschreitungen ich nie hatte, nicht einmal als im Oktober 1989 diejenige von BerlinDDR nach BerlinWest ich überschritt, was, in meiner grenztechnischen verkennung, sich ja bis heute als nichts weiter als komisch darstellt.

Grenzanlage Wissembourg, ein relikt wie Dreilinden, im STUDIOSUSbus fahrend, sehe ich es, sehe, wie unbedeutend alles geworden ist: Schengen; und melancholie auch, denn beim geografischen ÜBERFAHREN dieser grenze wurden andere überschreitungen mir gegenwärtig, sehr intensiv an BOF gedacht und daran, das, wenn ich ihn nicht gekannt hätte, es mir sicherlich nie in den sinn gekommen wäre, ein grenzüberschreitungsverlangen nach Frankreich zu entwickeln.

Zum zeitpunkt unseres kennenlernens hatte ich mich ja nur noch auf reisen durch texte befunden; sicher in meinem sessel zu hause sitzend, war ich vorwiegend nur noch durch texte gereist, hatte still reflektiert, wie frauen reis(t)en im gegensatz zu männern; und wollte selbst eigentlich gar nicht mehr reisen.

Und dann Bof.

Das im letzten drittel seines lebens, sagte er, sein lebensort die Cevennen sein würden, in bälde schon.

Die Cevennen, was waren die damals mir?

Immer, wenn er davon sprach, überfiel ein UNMUTIGEs gefühl der leere mich, eine tiefe abneigung gegen Bof.

Und dann doch schaute ich im atlas nach, beruhigte mich dahingehend, das heutzutage auch ich der Cevennen ja ansichtig werden könnte, wenn ich wollte; nur wollte ich?

Und dann, als im bus sitzend ich die grenze bei Wissembourg überfuhr, unkontrolliert, war das ja also nicht mehr irgendeine grenze in europa, sondern die nach Frankreich, die so gerne erstmals ich mit Bof hätte überschreiten wollen, nicht im bus zusammen mit 34 teilnehmerInnen plus reiseleiterin plus fahrer.

Aber, leider, Bof ist bof, ist nicht einer, dem sowas ins bewusstsein hätte gerückt werden können; und wenn also mit dem niemals, dann also doch lieber mit STUDIOSUS; und so geschah es, voller ressentiments gegen Bofs bofverstehen; sentimental.

Die eine einladende briefzeile aber wollte ich doch und unbedingt als anteilnahme deuten und fasste den vorsatz, ab jetzt, ab dem 16.07.01, mit einem täglichen handgelenk schwung und mittels eines bieres hin zu äusserster genauigkeit ein REISEBILD anzufertigen.

So.

Mit lust.

So wie bei männern, so auch bei frauen. Ja.

Dienstag, 17. Juli 2001

Gestern abend die e-mails von F., geile bilder BEHANDELTER mösen und schwänze.

"Lieber F., eine superbewegliche monitorzunge!, hab ich auch schon oft daran gedacht!, beim reinziehen dieser bilder, manches darauf noch immer ungeahnt, aber eines tages wird es nichts mehr geben, das mich überraschen könnte.

Und bilder sind so viel schneller konsumierbar als texte, die aber können spannender sein, stichwort SAUNA: wenn Sie die frau dort angesprochen hätten, was hätten Sie ihr gesagt, was hätten Sie sie gefragt, und auf welche reaktion wären Sie vorbereitet gewesen und auf welche nicht, und hätten Sie überhaupt phantasie genug parat gehabt?

Mit der autozugfahrt wird es, fürchte ich, gar nicht so einfach, wie gedacht, weil die (autofahrer)männer erschöpft schlafen werden und SCHNARCHEN!!!, und das ich also gar nicht werde schlafen können; mit schnarchern wollte ich eine liebe lange nacht in einem zimmer eigentlich nicht mehr verbringen, nie mehr.

Und jetzt (00:50) habe ich wichtigeres zu tun, als Ihnen noch mehr zu schreiben, Sie erraten nicht, was! e."

Vor dem einschlafen in Thea Sternheims autobiographie gelesen.

Heute morgen, wie immer, FRANZÖSISCH, dann das widerspruchsschreiben bezüglich mieterhöhung an die wohnungsgesellschaft noch konkretisiert: zunehmende verslumung des hauses und der wohngegend, entwicklung hin zum bahnhofsviertel. Der stromanbieterwechsel von BEWAG zu ARES bringt mir einen monatlichen bonus von 22 Mark. Jedoch für wie lange?

"Lieber F., das ist wirklich spannend.

Wenn Ihre intuition richtig war, dann werden Sie diese dame wiedersehen, zeit(vor)versetzt an den gleichen wochentagen und zur gleichen uhrzeit.

Was soll TROJA, wenn soviel interessanteres auf UNS wartet.

Sie sollten sie in der sauna ansprechen und sich stante pede für DANACH verabreden, jedoch halte ich Sie für so taktvoll, das Sie nicht mit der tür in haus fallen; ernsthaft, F., Sie müssen ran! Das besagte kompliment muss von der dame als solches verstanden werden!!, dafür müssen Sie Ihren ganzen charme einsetzen, nicht einen augenblick lang darf sie beSCHÄMt werden darüber, schöne grosse lange lippen, eben SCHAMlappen, wie Sie oller F. sie die zu bezeichnen belieben, ihr eigen zu nennen, weil sie aller komplimente WIRKLICH würdig sind; und bedenken Sie vorher noch, wie gängige WARENideologie das weibliche körperbild beeinflusst, ja entstellt, und wie trotzdem frauen es verinnerlichen.

Also, reissen Sie sich zusammen, planen Sie und MACHEN Sie es!

Im übrigen denke ich, das fran mit der eigenen natur auskommen muss, also keine EINgriffe, piercings, etc.; Sie aber haben eben nun schon ihren schwanz SCHÖN beschneiden lassen, da kann fran nichts mehr machen; sieht jedenfalls GEIL aus!

Hätten Sie gedacht/geahnt, das die VERWIRKLICHUNG sadistischer phantasien auch FRON bedeutet? e."

"Jede 'normale' ältere (?e.) Frau hat anderes im Kopf als FICKEN und GEFICKT WERDEN."

Also, fpunkt!!!, du hast noch eine chance bei mir, und wenn dann du weiterhin nicht(s) verstehst, dann tut es mir leid für dich!! Sorry.

Viele frauen wie fast alle männer haben vorwiegend NUMBER ONE im kopf, was bei männern als NATÜRLICH gilt, bei frauen aber als HURERISCH.

Ich befinde mich im einklang mit meiner bioLOGIK! Gesellschaftliche konventionen sind mir SCHEISSegal, auch die, nach der es eine sexualität JÜNGERER frauen geben soll und eine der ÄLTEREN. Jene sexuelle energie, die mich beHERRschte, als ich jünger war, ist um nichts geringer geworden im vergleich zu der, die ich heute besitze; heute aber ist alles viel GEILER, weil ich viel ERfahrener bin, wenn du widerlicher schönschwanz überhaupt verstehst, was ich schreibe, da in deinen verfickten piss-schlitz hinein inzwischen sich meine zunge schlängelt (Schlange!!).
An F., arschloch! Von e., wütend."

Donnerstag, 19. Juli 2001

Französische vokabeln; zweifel, ob in diese sprache ich noch tief eindringen werde; wenigstens muss ich mich NOTdürftig verständigen können; abenteuer, mir schwindelt vor meiner eigenen courage. Und was ich mitnehme an klamotten, wäsche; zwei monate können lang werden.
Briefwechsel zwischen Gide und Valéry, einmal nur wird Catherine von Valéry erwähnt; misanthropie in seinen briefen an Gide, auch um 1920 herum, als er schon mit ihr zusammen war; und dagegen dann Pozzis tagebucheintragungen, dieses steinschlagartige, das fran treffen kann, das, was ein mensch im leben eines anderen wird, unentbehrlich, was sowohl Valéry für Pozzi war, als auch Pozzi für Valéry, wovon dieser Gide jedoch nicht mitteilung macht.
Blütenlese Valéry:
"Die plumpeste aller Hypothesen ist die, zu glauben, das Gott tatsächlich existiert."
"Was "Das Kapital" betrifft,die Art, sich den Dingen zu nähern, ähnelt der, welche ich selbst oft anwende, und das ich ziemlich oft seine Sprache in die meine übertragen kann."
"Wer macht sich jemals verständlich? Diese Furcht, nicht verstanden zu werden, und [der] Schrecken, verstanden zu werden?"
"Ich glaube und fühle, das wir uns lieben, aber wir zeigen uns gegenseitig, was uns am meisten erschreckt."

"Freunde sind zwei Menschen, die der Schicksalsfügung und dem Zufall etwas Beständiges entrissen haben, das unbedeutend schien und alle Chancen hatte verlorenzugehen."
"Nizza ist ebenso erfreulich in Begleitung wie triste ... für ein Wesen allein. Ich sagte *Wesen*, denn ich habe bemerkt, das man, wenn man allein ist, nichts weiter als ein "Wesen" ist. Und da man nicht weiss, wo man hingehen soll, wenn die Strassenecke kommt, gibt es weder rechts noch links."

Ja, so!, auch ich, jetzt schon antizipiere ich es, schon jetzt weiss ich, das in Nice auch ich nur "Wesen" sein werde, allein mit mir, und überall, wohin noch weiter ich mich begeben werde, werde ich nur "Wesen" sein, das sich sehnt.
"Ich kann auch Distanz ohne SIE leben!", ja, ich weiss, Bof, ich ERlebe dich ja so schon seit längerer zeit. SECHS wochen ohne ein zeichen vor dir waren vergangen, als telefonisch ich dich fragte, ob du noch lebest, und den hörer auflegte. Und du, du hast nicht zurückgerufen, nichts wolltest du wissen. Danach beschloss ich dann, von meinen reisen nach Lübeck, Ahrenshoop, Münster dir auch nicht die kleinste notiz zukommen zu lassen, und schon gar nichts zu schreiben von meiner langen reise im mai durch frankreich, die ich gewiss nicht unternommen hätte, wie ebenso die kommende ich nicht auf mich nehmen würde, wenn dich ich nicht kennengelernt hätte, wenn es unsere aufregenden nächtlichen gespräche nicht gegeben hätte.
Wieviel hatte ich dir schreiben wollen, noch habe ich die formulierungen im kopf, wenn nur ich hätte annehmen können, das es als etwas besonderes verstanden worden wäre von dir, als ein (lebens)geschenk an dich. Aber leider, SIE verstehen ja nicht(s)!
"Lieber F., ich bin mir schon selbst ziemlich unerträglich, und nun noch Sie, Sie, der Sie ja auch ein ÄLTERER mann sind, schreiben so einen SCHEISS, das hat mich umgehauen, weil ALTER hinsichtlich Erotik und Sexualität bioLOGISCH doch gar keine rolle spielen kann, wenn nur ALLES FLIESST.
Was Frankreich betrifft, so regt ein KünstlerInnenProjekt mich an, auf das ich zusteuere; und meinen französischkenntnissen muss ich aufhelfen; und vielleicht einen wohnort finden, denn unter kriegsverbrechern, die meine sprache sprechen, will ich nicht leben, nicht zusammen mit SchröderFischerScharping, die demnächst vor einem UNgerichtshof

sich ebenso werden verantworten müssen wie Milosevic; und wie Kissinger wegen Vietnam/Kambodscha/Thailand/Chile etcetc. Kuba.

Dann lieber in einem land sein, in dem in meiner sprache (deutsch) ich allein sein kann. Wenngleich vielleicht unbeabsichtigt, so haben Sie mich doch in meinem eigenen zweifel bestärkt, ob wirklich ich weggehen will aus B.; ich gebe mir mal eine versuchszeit, zwei monate, mal sehen. e."

Freitag, 20. Juli 2001

SCHMETTERLINGE im bauch, wenn ich die lange autobahnfahrt aus dem Midi nach Berlin bedenke, blühende unfallphantasien; deshalb heute die entscheidung, auch mit dem DBautozug von Avignon aus zurückzufahren; unmässige erleichterung; und ich brauche Bof nicht zu belästigen, welchselber gedanke daran mich allein schon unter strom setzt; wenn er zur selben zeit sich in F. auch aufhielte, könnten wir uns im midi sehen, was ich mir angenehmer vorstelle, als begegnungen in seinem haus, wo er mir jedes mal unerzählbare ERlebnisse verschafft hat.

Trotzdem bin ich innerlich sehr unruhig und gar nicht mehr so in selbstübereinstimmung mit meinem reiseplan, zum einen ist es das geld, ich werde meinen dispokredit in anspruch nehmen müssen; andererseits die frage, was mit meinem MATERIAL geschieht, wenn "etwas passiert", dafür habe ich keine vorhersehende lösung, nur hoffen und bangen.

"Lieber F., Sie schicken mir so geile mösennbilder, eigentlich habe ich jetzt gar keine lust mehr, irgendwas an Sie zu schreiben, da mir die ansicht genügt. Ich hatte so eine innere unruhe, die Sie richtig wahrgenommen haben; das fahren auf DEUTSCHEN autobahnen, DEUTSCH müssen Sie hier richtig lesen, o dear, alles scheisse; also habe ich heute auch rückfahrt mit DBautozug gebucht.

Es soll nur ironie gewesen sein, was Sie schrieben, aber lieber F., solche sätze haben doch ein gewicht von tausend jahren; und das alles entgegen jeglicher bioLOGIK!, die jedoch würde ALLE LUST jüngeren männern bieten mit älteren frauen; junge frauen schliesslich sind bioLOGISCH vorwiegend GEFÄSSE der fortpflanzung, nicht wahr?, ich seufze; werde am wochenende im lande Brandenburg ins wasser gehen. e."

Mittwoch, 25. Juli 2001

Mittelmeertemperaturen in Deutschland, es weht leichter nordwestwind, der angenehme zugluft macht; morgens öffne die ich fenster zur strassenseite, nachmittags durchlüftet sich die wohnung vom balkon her.

Gestern zwei stunden sehr anregend mit e-mails von F. verbracht, bilder angesehen und kommentar-replys angefertigt und abgeschickt; dann aber, hitze&bier, ziemliches gefühl der erschöpfung, PC ausgeschaltet; nach dem mittagessen (zwiebelrührei mit grünen bohnen und kartoffeln) schwer ins bett gesunken und geschlafen und nur schwer aufgewacht und nicht gewusst, ob es es morgen oder abend ist; es war halb sieben abends; dann teetee&tee; nachrichten, kulturzeit, eine schmonzette auf 3sat, und in VERHÄNGNIS mit Binoche und Irons hineingeschaut, und das war's dann auch, nichts geschrieben, nichts übers wochenende gesagt, ich hasse mich, lese wenigstens noch ein paar seiten in Thea Sternheims ERINNERUNGEN; darin missfällt mir die attitüde des summierens von reiseansichten über Griechenland und Italien; keine mit der person verbundene eigene sicht, sondern nur wiedergabe dessen, was bildungsbürgerInnen entsprechend dem zeitdiskurs wahrnehmen, ätzend.

Viereinhalb stunden schlaf, hell aufgewacht, nachrichten im dradioberlin, teetee; französisch: wendungen, wörter, texte, gespräche; in ECOUTE über Orange gelesen, von der wiederwahl des bürgermeisters einer südlichen ORDNUNG, zu der sich die Orangiennes mehrheitlich bekannten, als beispiel: kinder unter dreizehn jahren, die nächtens stadtgebiete verunsichern, werden von der polizei aufgegriffen und ihren eltern zugeführt; es geht um die durchsetzung zivilisatorischer (europäisch-aufgeklärter) standards bei afrikanischen einwanderern: ein weites feld.

Nach dem lernen entspannung mit schweissbadendem staubsaugen, wischen und moppen, all dieser staub tagtäglich, den ich nicht sehen will, weshalb ich diese scheisswischarbeit mache; dann geduscht, zähnegeputzt, eingecremt.

Einkauf buttertoast, roggentoastbrötchen, aufschnitt, ein paar würstchen, sülze, mecklenburger tilsiter und einen französichen brie, eis, zwei tiefkühlgerichte, wovon heute ich eins zu mittag essen werde: gemüsereis-, und dazu die wiener.

Dann noch sechs Warsteiner gekauft und ein Vittel.

In der post: rechnung für DBautozug (hin und zurück), es hat geklappt, wunderbar, und noch wunderbarer die Rechnung von Studiosus, der kurs in Nizza wird stattfinden.
Ich kann also mein programm durchziehen:
26. August: 12:46 abreise von Berlin-Wannsee
27. August: Ankunft in Avignon und fahrt nach Viens
bis 1. September in LA PLAINE
ab 2. September sprachkurs in Nizza
ab 15. September in Montagnac
ab 22. September in Olargues
ab 30. September in St. Jean
ab 15.Oktober abreise von St.Jean nach Avignon und von dort zurück nach Berlin.
Sieben wochen Frankreich, ich bin euphorisch, werde also die sprachkurse absolvieren mit hoffentlich netten menschen; und zwei texte fertigmachen, SPHINXE und WISSEMBOURG.
2001 also wird MEIN Frankreichjahr.
Und wenn es dort nicht gefällt, dann bleibt noch soviel: Italien, Griechenland und Quebec mit ostküste der USA; und auch England.

Donnerstag, 26. Juli 2001

Gestern erwogen, an Bof zu schreiben, damit VERSTEINERUNG nicht wirklich werde, und ich tat dies auf ansichtskarte von ORANGE, jedoch, wie handschriftlich ich schrieb und was, das gefiel mir den abend lang nicht und heute morgen immer weniger, karte also zerrisen und neu angesetzt und auf Ansichtskarte Le Théâtre Antique D'Orange geschrieben:
"26.7.01, Zwischenbericht vom Lernen; in ECOUTE (8/01) der Text über ORANGE; man schätzt, was man kennt; vor meinem Auge der Platz, auf dem im Théâtre Antique im Mai ich sass. Und ich freue mich auf NICE; den Artikel lese ich und glaube, (sprachlich) das meiste (schon!) zu verstehen. E."
Immer noch mittelmeertemperaturen, physische aktivitäten schweisstreibend; so rede ich mich heraus, dass gymnastik ich nicht machen kann, weil physis durch die hitze schon genug belastet, und auch durchs bier, das schliesslich ich brauche, um lustvoll auch nur

irgendeine zeile hervorzubringen; selbstverständlich schreibe ich auch ohne bier in mir, geschäftsbriefe etc., aber eben nicht mit lust.

Zur zahl NEUN. Wenn ich alle anderen grenzen ausser acht lasse, dann entsteht die frage, ob es zufall ist, das geographisch gerade die bei Wissembourg ich als neunte überschritten habe.

Vor ein paar tagen in der taz: Die NEUN, in der traumsymbolik steht sie als letzte der einstelligen zahlen für das ende einer entwicklung, der eine neue phase auf einer höheren ebene folgt.

Und im literaturkalender dieser woche über grenzen: Neben dem bild eines mannes, vielleicht dreissig jahre alt, wahrscheinlich einer, der heutigentags unter JUNGE literatur fällt, damit sein buch als ware im verwertungsprozess des kapitals reüssieren kann, obwohl doch literatur mit dem alter der verfasserInnen gar nichts zu tun hat.

Also, da wird nun so ein Emil T. zitiert aus Im Grenzland, egal wo, 1998, aber diesen quatsch abzuschreiben habe ich keine lust, ich reisse die seite aus dem kalender und mache eine kopie ohne das scheissbild des naiven verfassers, der als utopie begriffen wissen will, was sozial NOTWENDIG war und zur verwirklichung anstand; diese sozialrelativistische position, die mainstream geworden ist, weshalb man glaubt, staatliche fürsorge abbauen zu müssen, damit der markt HERRsche; ich müsste nüchterner sein, um jetzt darüber weiterschreiben zu wollen; vielleicht heute abend, vielleicht morgen.

"Lieber F., hatte keine zeit gestern, habe keine der mails vom 24. geöffnet, und auch die beiden von gestern nicht; heute abend, sehr spät erst, werde SIE ich mir gönnen können. In geiler erwartung verbleibt vorerst Ihre e. Scheisshitze. Wie geht es Ihnen?"

"Lieber F., ich habe das e-mail-fach geleert und bin völlig ERschöpft vom ankieken, und das mösenzentrum im gehirn fragt, warum ich überhaupt noch was schreiben will, wenn ich doch liebER alles wirken lassen sollte, wie es eben wirkt, wenn solche schönschwänze fran vors auge kommen.

Morgen können Sie was schicken, aber nicht zu viel, lassen Sie ein bisschen platz bei hotmail auch noch für andere mailerInnen, die zwar nichts so bedeutendes senden wie Sie, aber doch auch erlesen werden sollen. Ihre feuchte e."

Freitag, 27. Juli 2001

Keine lust über Emil T. zu schreiben; dafür an B. und R.

"Lieber Bodo, vor mehreren dekaden inzwischen: das abi, mon dieu, will fran daran noch denken? Von ende august bis ende oktober werde ich mich in Südfrankreich aufhalten, kann also nicht kommen, was ich nicht unbedingt bedaure; das verhältnis zu einigen "meiner klassenkameraden" ist durchaus zwiespältig. Aber wie wäre es, wenn wir, du, Bodo, und ich, uns für ende oktober verabredeten, damit du mir was erzählst, von dir und den anderen, wie ich auch dir etwas erzählen werde von mir.

Und ja, einmal habe ich dich "verraten", wir sprachen beim DREISSIGSTEN(?) darüber, mir ist das inzwischen wieder eingefallen, atomisiert hatte man uns in der aula placiert, wo irgendwas geschrieben werden sollte, klausur?, und, obwohl ich es nicht hatte wollen, habe ich dann doch geschrieben: als reaktion auf ein MACHTbeziehungsverhältnis im sinne Foucaults, wie ich es heute sehe; es war nicht irgendein stress, mit dem selbstverständlich ich mein verhalten liebend gern entschuldigen wollte; später dann habe ich mich prinzipieller verhalten, gewiss zu meinem nachteil! Herzliche grüsse e."

"Liebe Regina, hab dank für deine karte vom 18. Juni, auf die ich erst heute antworte; je älter fran wird, desto schneller scheint die zeit zu vergehen, und ich hätte nicht gedacht, das ich dich, sage und schreibe: vier wochen!- habe warten lassen mit meiner antwort.

Wenn nun heute ich dies schreibe, bist du sicherlich schon irgendwo in den ferien, und ich hoffe, das du dich gut erholst, damit du fit bleibst fürs nächste schuljahr.

Wie froh ich bin, das jegliche lehrtätigkeit mir jetzt, sorry, am arsch vorbeigeht, das brauche ich wohl nicht weiter auszuführen.

Mit den vorbereitungen für meinen zweimonatigen Frankreichaufenthalt (von ende august bis ende oktober) bin ich voll beschäftigt, welchselbes täglich zwei bis drei stunden französischlernpensum einschliesst, was sehr anstrengend ist, und manchmal glaube ich schon, das ich es nicht packen werde; aber ich will! Unbedingt! Wenn mir die aufenthalte in Polen und CZ eigentlich nie anlass boten, mich der jeweiligen landessprache auch nur zu nähern, da als DaF-lektorin ich mich sehr gut verständigen konnte mit den germanistikstudentInnen, so bin hinsichtlich Frankreich ich ganz anders motiviert.

Wie PC-mässig du klarkommst, frage ich nicht, ich vertraue deiner intelligenz. Herzlich, e."

Montag, 30. Juli 2001

Bei mittelmeertemperaturen das wochenende im garten verbracht, geschwommen, einen kleinen spaziergang gemacht, ansonsten nur gekocht und bier getrunken; in den erinnerungen Thea Sternheims weitergelesen, ansonsten nichts gedacht. Heute morgen also keinen anschluss gefunden zu diesem text, zu dem, was ich eigentlich eintragen will, wozu ich mir stichpunkte schon gemacht habe, diese wochenenden befördern mich immer wieder aus dem konzept.

Interessant heute die infos von der TEEKAMPAGNE; bezüglich kundenwerbung deren bestellkarte & handbeschrifteten zettel an Bof (Teeliebhaber) adressiert: Obwohl FREITAG-werbeversuch gescheitert, hiermit ein neuer Versuch. Lieber scheitern, als NICHTS versuchen, nicht wahr! Ich hoffe, das für meine verstimmung er einen grund finden möge, das er, der verbal sich mir gegenüber als LINKS einordnet, doch weiterhin die neoliberale ZEIT liest und das FREITAGprojekt nicht unterstützt; wie ein saturierter bürger eben, der ja wohl er auch ist, ich sollte mir keine illusionen machen.

Allüberall die feststellung, wie, vor der umstellung auf den euro, die preise erhöht werden, es geht inflationär zu; ich kaufe nur noch notwendigstes in guter qualität, wobei ich mich in der quantität beschränke; diese kapitalhaie!

Neuerdings schippern die Müggelspree hinauf und hinunter millionenschwere boote aus dem westen, und in mir entsteht die sehnsucht, mit panzerfäusten auf deren naive waghalsigkeit zu reagieren, denn sie scheinen nicht zu wissen, was sie tun; wie ebenso diese mercedes&bmwCabrios, deren besitzer doch wahrlich sich trauen, im ARMEN osten umherzufahren!!

Dienstag, 31. Juli 2001

Das (teekampagne)begleitschreiben an Bof nicht abgeschickt, einerseits scheint mir all so was vergeblich, andererseits anbiedernd, denn erst letzte woche habe ich ihm ja eine

nachricht zukommen lassen, und da scheint diese botschaft nun auch ganz fehl am platze; warum will ich ihn wissen lassen, was mich an ihm stört.
Heute sprachreisebestätigung von STUDIOSUS erhalten und an meine gastgeberin in Nice geschrieben, dasselbe auf französisch, englisch, deutsch:
"Chère Madame P., le 2 septembre 01, en dèbut de matinée je vais partir d'Apt à Nice et j'espère que j'arrive vers midi à Boulevard G., c'est-a-dire, chez vous. Il me faut un parking pour ma voiture, est-ce que c'est possible? Pourriez-vous me écrire (assez simple, s.v.p.) un mots ou deux? Bien amicalement e.e."
Wieder, wochenendaufenthalt im Müggelheim, und ich finde danach nur schwer den anschluss an diesen text, und auch hinsichtlich der systematik des französischlernens habe danach ich probleme, mir scheint, das ich gar keine fortschritte mache, toute la chose perdu. Heute also nur den brief geschrieben an die gastgeberin in Nice. Unzufrieden.

<u>Donnerstag, 2. August 2001</u>

Seit Montag mengen von e-mails mit F. ausgetauscht und einen dritten text für HOTEL BOHEMIA geschrieben, zu dem ebendieser titel gefunden wurde. Ein vierter text arbeitet in mir, werde gleich zu schreiben beginnen.
Bof wird immer mehr phantom, weiss ich eigentlich noch, wie er aussieht?
Und die chuzpe, ich finde kein passenderes wort, mit der ich meinen aufenthalt im midi angehe, manchmal überkommt mich unvermittelt angst; das risiko des autofahrens! Und was wird mit all meinen schönen texten und briefwechseln, wenn exitus?
Seit Dienstag etwas kühler, gewitter bereinigten die heisse luft, aber heute nun schon wieder schwüle und zum wochenende erneut mittelmeerklima, das ich keinesfalls ersehne, denn es beeinträchtigt ernsthafte arbeit, weshalb ich in den sommermonaten mich wohl auch nie in dieselbe französische region begeben werde, die in den anderen drei jahreszeiten so angenehm ist, auch förderlich für geistige arbeit, hoffentlich.

<u>Samstag, 4. August 2001</u>

Gestern nur briefentwurf an Bof, und so ein scheiss, welche sentimentalität wieder über mich gekommen ist.

Einladung von TRIGA erhalten zu einem treffen im oktober in Gelnhausen, woran ich, wenn es mich noch gibt, teilnehmen will.
Und wenn schon in der nähe Frankfurts, dann selbstverständlich Bof sehen, welchselbiger wunsch ja in einer einfachen frage formuliert werden könnte, dazu bedürfte es keiner gefühlsduselei; bin ich unverbesserlich?

Montag, 6. August 2001

Übers wochendende in M., gekocht; FJE unzufrieden mit seiner arbeitssituation, schwierigste IT-arbeit, trotzdem geringe bezahlung; kann sich nichts leisten, keinen anregenden urlaub, bleibt also zuhause und reagiert seinen frust an mir ab, die ich ihm auch nicht helfen kann. Langeweile am Sonntag; gedanklich den Text an Bof formuliert und heute ins briefformat gebracht:
"Lieber Robert, gestern habe ich meinem verlag in Gelnhausen bestätigt, das ich am autorInnentreffen dort im oktober (25.-26.10.01) teilnehmen werde. Daran anschliessend wünschte ich mir, dich übers wochenende (27.-29.10.01) besuchen zu dürfen, und das wir etwas unternähmen: zum beispiel Feldberg, Limes, Königstein, und vielleicht doch auch Trier?? Und über Provence und Roussillon hätten wir dann ja auch manches auszutauschen, nicht wahr. Wirst auch du im (vor)herbst dich wieder gen Midi bewegen? Wenn du mir vielleicht noch bis zum 25. august 01 schreiben könntest? Herzlich, e."
Wiederum POZZI(tagebuch) gelesen: juni 1920 bis august 1921, wiederum die parallelen; nur: Bof besitzt das format Valérys nicht, nicht wahr! In meiner extravaganz werde von Bof ich eher behindert als bestärkt. Und das führe ich auf eine gewisse rivalität des einander messens zurück, was verbal er zwar leugnet, was aber aus der exklusivität seiner lebensführung abgeleitet werden kann; mich (aus dem osten, arm, ohne reiseerfahrung) kann er einfach als BESSER nicht ertragen. Daher die distanz, die auf differenzen vielleicht gar nicht beruht, denn ich empfinde ihn als mir sehr ähnlich.

Dienstag, 7. August 2001

Gestern nachmittag online mit F., wobei ich bei bierfliessenden gedanken mich so aufgegeilt habe, das danach ich schwindlig in den kissen versank, ohne etwas zu essen;

nach zwei stunden tiefschlaf dann kater, der mit mengen von mineralwasser und einer portion tortellini vertrieben werden musste.
Gegen mitternacht, mitten in französischübungen am PC, stört telefonisch der König; wie so oft sucht er aufgeilung, wozu er meine stimme braucht und reizwörter, welch alles ich ihm nicht versage; jedoch dieser hund bringt es nicht fertig, mir die Nossacktagebücher zu schicken, die nun schon über ein jahr bei ihm herumliegen; als ich bemerkte, wie sein atmen immer schwerer wurde, habe, in sadistischer freude, ich einfach aufgelegt.
Heute nun den brief an Bof abgeschickt. Der ausgang der angelegenheit ist ungewiss, sowohl für den fall, das er bejaht, als auch für den, das er ablehnt. Also, sehen wir.
Mit sorge meinen kontoauszug betrachtet; gegen zero einkommenserhöhung stehen 60 Mark mieterhöhung, die die politiker des landes berlin den wohnungsgesellschaften genehmigen; mich erfasst darob eine irre wut: nichts hat sich in meinem wohnumfeld verbessert, alles nur verschlechtert, die tendenz geht zum bahnhofsghetto. Und dann die umstellung auf den euro, die konzerne, die die preise bestimmen, verdienen sich goldene nasen, ich möchte hingebungsvoll anarchisch reagieren; was ich aber wirklich nur tue, das ist, das ich strom spare und wasser, und ich habe zeitschriftenabos reduziert, kaufe kaum noch neue bücher. Und wenn ich an all die schweine denke, die sich in hochseetauglichen booten durch die müggelspree trauen: panzerfaust, doch.
Und auch das unbehagen, wenn an mein bevorstehendes abenteuer ich denke, was wird aus meinen texten, wenn ich verunglücke.
Was in jungen jahren ich getan hätte, was aus berufsgründen auch: mich anderen europäischen zivilisationen auszusetzen, das mache ich nun, das mache ich jetzt, auch um eines textes willen; damit so ich überlebe.
Das wetter in Berlin warmfeucht, 24°C, grauer himmel.

Freitag, 10. August 2001

Heute sind die papiere für den DBautozug eingetroffen, es wird ernst, und mir wird mau: im falle eines falles, wie handhabe ich alles bezüglich der texte, die (erstaunte, erschreckte) leser haben könnten, die nicht leser sein sollen; die aber vielleicht auch gar nicht lesen und gleich alles wegschmeissen, was ich aber auch nicht möchte; ich bin versucht, mich zu verfluchen wegen meines planes, zwei monate von hier wegzugehen, mich auf ungewisse situationen einzulassen: unfall, überfall, diebstahl, ein schicksal geradezu herauszufordern; ich verlange mir konzentration ab und einen festen willen zur bewältigung.

Gestern den französisch-prof erhalten, welchselber ein elektronisches wörterbuch ist mit über 1,2 millionen übersetzungsmöglichkeiten hin und her, konjugationen, rechtschreibkorrekturen und sieben wortspielen; ich bin begeistert, das aufsuchen von wörtern dauert nur noch sekunden, ich brauche nicht mehr seiten zu wälzen, um ein wort zu finden, und vor allem, die konjugation der französischen verben wird mir schnellstens geliefert, ich benötige weder konjugationswörterbuch noch papiergrammatik.

Gestern abend F. angerufen, vorwiegend wegen der SCHÄKEL, die er mir schicken soll, angenehmes gespräch at ease, seine stimme hat jene resonanz, wie ich sie liebe, die beim manne aus dem bauch (der zwerchfell-flanken-atmung) kommt. Und tatsächlich, heute morgen waren die schäkel schon da, sie waren bereits abgeschickt, noch bevor ich überhaupt meinen wunsch vorgetragen hatte; weil er sich hineindenken konnte in mein besitzinteresse an denselben; und ja, genau, sie sind funktional, und zuerst werde ich sie wohl nicht am könig ausprobieren, sondern, wenn er es mir erlaubt, im oktober ihn zu besuchen, an Bof, der sehr schöne eier besitzt und einen imponierenden schwanz, wenn ich daran denke, sein zentrum, das ich schäkelig beHANDeln werde ... . Er wird als geschenk sie von mir erhalten, und ich werde ihn dabei beobachten, wie er sie auspackt, werde sein erstaunen geniessen, wenn er skeptisch seine brauen hochzieht, weil etwas ihm rätselhaft ist oder unangenehm, werde sehen, ob er versteht; der gedanke daran macht mich ganz geil; ich kann nur hoffen, das diese verabredung er für sich auch als NOTWENDIG terminiert.

Gegen 19 uhr anruf von Ingrid, die mir von ihrer reise zum Nordkap berichtet, erfahrung mit OSTtours: wo die reisenden, wie sie sagte, nach DDRprollstandard behandelt würden, alle von busfahrer- und reiseleiterinniveau herab; wer, dagegen sich aufzulehnen wagt, wird strafend isoliert; o dear, wenn schon sie, die zu psychologischem ausgleich neigt, solche behandlung erfuhr, was wäre gegebenenfalls dann erst mir passiert, die in der gruppe sich immer ganz und gar idiosynkratisch verhält?

Montag, 13. August 2001

Der wahlkampf der CDU/CSU in Berlin: primitiv; die KALTEN KRIEGER, die der DDR von anfang an kein lebensrecht einräumen wollten, sondern immer nur auf vernichtung abzielten, diese (ausbeutenden) politiker, die an steuergeldern sich millionenmässig bereicherten, indem sie wirkung als ursache erklärten und erklären, landowski, diepgen, fran kann nicht soviel fressen wie sie diese widerlinge ankotzen möchte.

Gestern zum autoverladebahnhof wannsee gefahren, stress auf stadtautobahn, obwohl nur 80 km/h zugelassen sind, fahren die meisten mehr als 100, und schon bei 80 und inmitten dieses wahnsinnsgeschwindigkeitsverkehrs kann ich nur mit mühe die richtungsanzeiger SCHNELL lesen und die richtige spur finden; Wannsee wurde HEIL erreicht, und ich habe beobachtet, wie die verladung der autos verläuft und dabei die gewissheit gewonnen, das ich es schaffen werde, den golf auf der plattform des autozuges zu positionieren, erleichtert.

Nächsten Sonntag muss die strecke bis zum Steglitzer Kreisel nochmals abgefahren werden, um für den 26.8. jegliches falschfahrrisiko auszuschliessen, was NICHTverladung bedeutete und ende.

Freitag, 17. August 2001

Dienstag sind die handschellen eingetroffen, nachts längeres gespräch mit F., um meine zeitweilige abstinenz vom e-mailwechsel verständlich(er) zu machen, habe ihm gestern vorgeschlagen, ein textbildtagebuch zu führen, das er mir nach meiner rückkehr zukommen lassen soll, ich würde dann so in gespannter ERwartung bleiben, mal sehen, ob er's macht.

Nach mitternacht wieder der König, bringt es nicht fertig, ein buchpaket zu packen, habe ihm stillosigkeit vorgehalten.

Gestern nachmittag als beifahrerin die stadtautobahnstrecke abgefahren, um erinnerungspunkte zu setzen, jedoch die befahrung des Kreuzes Schöneberg ist so schwierig, das ich noch immer nicht weiss, ob allein ich die ausfahrt Schloss-strasse finden werde. Morgen also nochmals eine übung und daselbe am Sonntag; allein jeder gedanke daran verursacht schon ein mulmiges gefühl.

Was sich nun als wirklich arg dumm herausstellt, ist, das ich mein notebook verschenkt habe und noch den drucker dazu, welchbeide ich in Frankreich dringend gebrauchen könnte. Also muss ich wohl oder übel per hand schreiben, was mir schon beim gedanken daran alle lust verleidet; kann dann also nicht an den briefwechseln arbeiten, werde nur die essais mitnehmen und sie hoffentlich zu einem endlichen ende bringen; und dann muss nach der reise alle handschriftliche überarbeitung nochmals bearbeitend in den computer eingegeben werden. Grauen.

Immer noch kommt mir mein reiseplan wie hybris vor, und je näher der abreisetermin rückt, desto stärker; reisen ist keine selbstverständlichkeit für mich, und ich werde mit mir alleine sein, muss unroutiniert mit mir selbst auskommen, tagespläne machen, ein lernpensum ableisten, an den texten arbeiten und tagebuch schreiben.

Von Bof noch keine antwort bezüglich meines besuchswunsches im oktober; Bof: wie ein phantom, in weiter ferne, versinkend im nebel.

Bin nicht ganz so unzufrieden diese woche, weil ich zwei texte dem HOTEL BOHEMIA hinzugefügt habe, war irgendwie erleichtert, weil die sache mit F. bis ende oktober ausgesetzt ist.

Morgen will ich über den umweg Schöneberger kreuz in den garten fahren, und Sonntag genauso zurück.

Habe eben noch einen kleinen rest bier von heute mittag getrunken, und merke, wie der innere schreibwiderstand sich auflöst, es viel geläufiger es sich schreibt.

Lese weiter in den Erinnerungen der Thea Sternheim, deren gestelzter stil nervt; und ein bisschen immer wieder Pozzi, nach der lektüre des briefwechsels Gide-Valéry erschliessen sich plötzlich sehr interessante zusammenhänge; die NUDEL (Anna de Noailles), wie Pozzi sie nennt, kommt auch bei Sternheim vor, und Gide scheint ein problematischer freund von Thea gewesen zu sein, es fällt der ortsname Cuverville, von wo aus Gide viele briefe an Valéry geschrieben hat.

Carl Sternheim, ein maskulines brechmittel, MACHOautor mit zweifelhaftem menschenbild und dieser art lebensführung: unzuverlässig, perfide, untreu-, sollte im vergessen ruhen bleiben; ironisch nur, das durch Theas erinnerungen er präsent bleibt, nicht mehr durch sein werk und schon ganz und gar nicht durch sich selbst.

Sonntag, 19. August 2001

Gestern morgen nochmals die stadtautobahnstrecke abgefahren in richtung Steglitz/Schlossstrasse, und ich habe die abfahrten auf dem kreuz Schöneberg gefunden; allerdings auf der rückfahrt wieder verfahren, habe nicht die ausfahrt Tempelhof genommen, sondern bin richtung Wilmersdorf gefahren; dann am kreuz Schöneberg also zurück richtung Steglitz, und von dort wieder zurück richtung Treptow.

Ich bemerke bitter, das ich, die einst meilenweit kieken konnte, nun doch auch eine fernsichtbrille brauche, um vorausschauend SCHNELL die richtige richtung wählen zu können, wenn hypergeschwind zu beiden seiten meines fahrzeugs verkehr rast.

Auf dem weg nach müggelheim streikt plötzlich der Golf, nimmt kein benzin an, erweist mitten auf der strasse sich störrisch, am armaturenbrett warnen drei rote lampen. Um nicht ein verkehrshindernis zu werden, schuckele ich das scheissgefährt auf den bürgersteig, der zum glück frei ist, es regnet, und mein wetterjäckchen mit kapuze hängt TROCKEN zu hause auf dem kleiderbügel; ich benachrichtige den ADAC, der hilfe verspricht, die nach einer wartestunde auch gewährt wird, inzwischen regnet es cats and dogs, ich muss aussteigen, bin zwar behütet mit schirm, werde aber doch völlig durchnässt, wenn ich den GELBEN ENGEL ans steuer lasse, damit der zu irgendeiner vermutung kommt; er argwöhnt, das es die benzinpumpe ist, bestellt mir einen abschleppdienst, der wiederum erst nach einer dreiviertelstunde sich einstellt und schuckelschiebend den Golf zur ladefläche hin hievt, um elektronisch auf diese hinaufgezogen zu werden; und danach zur werkstatt nach Müggelheim, alles ganz umsonst, weil, zum glück, alles ADACmitgliedsservice; wiederum ist mein vorurteil bestätigt, das, wenn ich einmal das auto brauche, ungeahntes geschieht; ich stelle mich mir in dieser situation in Frankreich vor!!! Zum glück handy dabei, mein gott, wie hätte sonst ich die sache managen können, von wo aus hätte ich, da wo ich stehengeblieben war, denn anrufen sollen, keine telefonzelle weit und breit.

Zu hause dann Warsteiner und eine e-mail des dankes an F. geschrieben, von dem ein päckchen mit GERUCHSbuch, beissring und schönen fickbildern in der post war.

Gegen 18 uhr ausgiebig gegessen, königsberger klopse aus meiner eigenen schmackhaften zubereitung, nachrichten im fernsehen und danach dann ins bett

gesunken und bis 24 uhr TIEFst geschlafen; dann SternheimLektüre bis drei uhr, dann bis acht in unruhigem schlaf.
Heute morgen ein wenig französisch, dann wäsche, einmal bunt, einmal weiss; dazwischen fussnagelpflege.
Und jetzt, kurz vor zwei, vorbereitung mittagessen: eine kartoffel, gurkensalat, gurkensülze. Danach mittagsschlaf und dann texte ordnen, texte zusammenstellen, die zur bearbeitung mitgenommen werden sollen.
Von Bof noch immer keine nachricht bezüglich des Oktobertermins.

Montag, 20. August 2001

"Liebe Teresa, dein AUFTRAG, obwohl du mir gegenüber doch parteiisch bist, und weil andererseits ich mir deiner so TIEF bewusst bin, also bekenne ich, das es allergrösste schwierigkeiten beim artikulieren gibt, aus sechs seiten wurden zwei inzwischen, und trotzdem bin ich nurnur unzufrieden, weil ich nur annähernd gültiges auszudrücken, wie mir scheint, nicht in der lage bin, objektiv nicht, und auch gerade jetzt nicht, da DEADline vor mir liegt, und das ist unumstösslich der 25. August; also auch noch liebeskümmerlich blockiert, kannst augenblicklich du, n'est-ce pas, nichts als FRAGMENT erwarten: weil du weisst, das ich weiss, das du weisst, was (vielleicht) ich sagen will, wenngleich auch du es nicht billigst, trotzdem, ich vertraue dir.
Ja, mein gott, beschädigung von weiblichkeit, allüberall, durch zynisch rat-racige männer im warenwerbesystem, tatsächlich, diesem WARENblick auszuweichen bin ich, en ce moment, weniger in der lage als jemals, und es bedeutet gewiss "ein pfeifen im walde", wenn ich beharre, das innerhalb einer multiplicity of identifications ich mich FREI entschieden habe für eine, im herkömmlichen sinne, BIOlogisch bestimmte identität, obwohl, wenn ich gewollt hätte, ich mich auch dagegen hätte festlegen können, was gerade du sehr wohl weisst.
Grösste lust also, allertiefste ERregung!, was soll ich sagen, nur mit einem manne, der, wenn er mich kennte, einer wäre, der wüsste, das das, was wir, ich und er, machen, spiel ist, wenn im spiel ich FRAU bin: strapse-schwarz-strümpfe, LUST-, und er MANN ist, der tierisch mich riecht, animalisch meine fotze leckt, flüssige lust heraussaugt aus mir,

mich trinkt, und auch ich ihn trinke, flüssig-heiss herausgespritztes ..., aber auch naturgelbes.

Verstand hat kein geschlecht.

Der meine arbeitet menschlich, und liebende könnten wir sein, wenn in dieselbe richtung wir schauten; wenn er begriffe, das spiel es ist, das wir spielen, als MANN er, ich als FRAU, das als MANN ich ihn begehrte, ihn leckte, penetrierte, grob seinen schwanz beHANDelte, seine prostata reizte, so das vor lust er aufschriee, unsäglich orgasmisch, ganz und gar vergessen, das MANN dies ERlebte, wenn so in meinen händen er sich befände, wenn ihn ich besässe und an ihm mich befriedigte.

Nicht schlampe wäre ich dann, die sowieso ich bin, nicht zwischen maschenlaufenden schwarzen baumwollstrümpfen nur nähme er mich WAHR, röche mich, leckte mich, malträtierte meine brüste, drängte sich in mich, wie unvorstellbar für einen WARENgesellschaftsMANN.

Was alles ihm gewährt, ihm gegeben würde, wenn er das spiel, das wir spielen, akzeptierte.

Lebensspiel, LIEBE, unerschütterlich.

Weil einer sieht, das SIE ist; wie eine sieht, das ER ist.

Das SIE ihn ERkennt, wie auch er SIEkennt.

Gegen das vergessenwerden im mainstream, wo nur Geld zählt, wenig jedoch KULTURELLES kapital.

Und das schreiberinnen anders lesen.

Und das SIE anwesend sein will, wenn BEDEUTENDES resümiert wird, wenn bürgerliche ERschreiber längst schon vergessen sind.

Wenn dann SIE da ist. e."

<u>Dienstag, 21. August 2001</u>

Das wetter, die wärme, ich schlafe schlecht, manchmal nur vier stunden des nachts, was ich ausgleiche durch ein wenig nachmittagsschlaf, aber insgesamt bin ich denkträge und schreibfaul; zwinge mich jeden morgen zur französischlektion, zum lernen der vokabeln und der konjugationen.

Gestern das schreiben von madame P. aus Nice, die mir mitteilt, das sie mich am nachmittag des 2.9. erwarten wird und das sie un parking für mich gefunden hat, in der nähe ihres appartements, zwei wochen für 250 francs.
Ich war vollauf glücklich, das ich den sinn der mitteilung sogleich verstand, ich kann also lesen und kenne doch schon einiges von den eigentümlichkeiten der französischen sprache, woran vor einem jahr noch nicht zu denken war, das ich es würde können können; schwierig war nur, die handschrift von Madame P. zu entziffern.
Von F. gestern zwei photos aus einer körperregion, die wirklich jeder aufmerksamkeit wert ist, inmitten eines männlich behaarten körpers ein schöner schwanz, beschnitten, seufz; und ein handschriftlicher brief und noch einige e-mails; es ist eine gegenseitig schreibende aufmerksamkeit, ein gemeinsames erleben in schrift; er hat mein buch gelesen, weiss also eine ganze menge von mir, musste sich sicher mehr und mehr über mein alter klar werden und hat trotzdem weiter geschrieben.
Dagegen Bof, der nicht schreibt, so das ich also davon ausgehen kann, das der oktobertermin platzt. Wie gut wäre es für UNSERE beziehung gewesen, wenn wir vor meiner frankreichreise im mai uns hätten treffen können, als jeweils eine nacht ich in mannheim übernachtete, also in seiner gegend war; aber ich habe ihn nicht daraufhin befragt, zu eigenartig ist dieser mann, ein stressfaktor für mich; warum ist eine ganz NORMALE begegnung nicht möglich, warum nicht eine entspannte konversation, in der in meinem eigenen recht ich spreche ohne auf misslaunigkeit seinerseits zu stossen; wenn ich mir nur ein paar der widerwärtigkeiten vor augen führe, denen er mich bei unseren begegnungen aussetzte, dann erlischt eigentlich jedweder wunsch, ihn zu sehen; so war das auch vor der Frankreichreise im Mai. Diese gleichgültigkeit von Bof, die mich so niederreisst, das alle anstrengung des schreibens vergeblich scheint, das nichts abgeliefert und überliefert wird, was diese gesellschaft sowieso nicht will von mir, das frau sich in die kleinheit fügen solle, wie sie für sie durch den MALEmainstream längst definiert ist; das alle anstrengung des sichhinaufreissens nutzlos wäre, hybris; unerklärlich, warum eine an einen denkt, der sie EISIG verbrennt; auch telefongespräche mit ihm sind mir ja schon eher nicht mehr möglich, weil nur deprimierend und schreibhemmend.

In der kürze der verbleibenden zeit noch ein notebook zu einem angemessenen preis zu beschaffen, ca. 2,5 tausend, ist nicht möglich; werde also ohne eines weg- und hinfahren, und könnte mich in den arsch beissen, das ich mein altes an jemand verschenkt habe, die es wahrscheinlich gar nicht nutzt, keinen drive des beherrschens dieser technik hat, der das ganze eher lästig ist, weil damit sich eine denkerische ja anstrengung verbindet, die ausdauer benötigt. Ich habe es R. geschenkt, weil ich so kleinlich nie sein wollte in zeiten der zwei staaten, wie meine westdeutschen verwandten damals, die nicht einmal kohle für ein paar dringend benötigte bücher, gewiss nicht teuer, locker machten, geschweige denn für andere dinge, die ich gebraucht hätte. Meine tante Hertha ist mit dem nicht eingehaltenen versprechen, mir eine Englandreise finanzieren zu wollen, ins grab gesunken; als die mauer gefallen war, verlor sie diesbezüglich nie mehr ein wort darüber, spiesser.

Habe eben die post geholt, nichts von Bof dabei, ich erspare mir hier das pejorative wort aufzuschreiben, das ich denke.

Weil KAPITALwüstlinge ein gedicht von mir in einer anthologie honorarlos veröffentlichten, verlangen sie nun, das ich das ganze gedichtbuch kaufen solle, für 163,80 DM: ich gebe TEXT, und ich erhalte nichts; was ich gebe, ist dieser gesellschft nichts wert.

"Lieber F., quel malheur! heisst es; und noch zwei wendungen aus meinem elektronischen französischwörterbuch (phantasisch schnell und informativ), die jederfrans erfahrung entsprechen dürften: das ein unglück selten allein kommt, und das man vom teufel sprechen sollte, wenn man ihn auch erwartet:

un malheur ne vient jamais seule/ne parle pas de malheur

Also, ich habe den teufel nicht erwartet und deshalb die anspielung auf 'den fischer sin fru' gemacht; jetzt erst, nach ansicht des im heutigen brief verborgenen, erkenne ich, was Sie gemeint haben, es war also keine drohung!

Trotz unvorteilhafter ausleuchtungsprobleme, wieviel schöner noch diese NATÜRLICHKEIT, wenn sie von einer kamera OPTIMAL farbig gesehen worden wäre; aber auch so: GEIL; die spannung zwischen schlabberhose und diszipliniert-schönem schwanz; ich stelle mir denselben erigiert vor: wie aus dem reissverschlussschlitz einer anzugshose ER sich erhebt, wie meinen blick ER anzieht,

wie seine eichel unter meinen fingern mir gefügig wird, und wie zugleich meine zunge sein loch verstopft, geilgeil; und wie schön die natur Sie behaart hat, wie schön der gegensatz von allgemeiner körperbehaarung zur (untenrum enthaarten) männlichkeit.
Sie können aber auch wirklich ein störenFRIED sein, Sie älterer schwanz, der immerzu eine ältere fotze begeilt, so das schliesslich ZURECHT er fühlt, das eigene schwanzbilder ihm "abgeluchst" werden würden.
Aber: bezüglich IRONIE versteht dieser schwanz am besten wohl seine eigenen intentionen nur, siehe einlassung von F. bezüglich JÜNGERER mann, KICHER. In unruhe, e."
"F., ich bin ziemlich sauer, auch auf Sie.
Sollten mit dem hessischen KOCH, der zur zeit die ärmlichen fresser aufhetzt, den ganz armen auch noch die wassersuppe wegzusaufen, irgendwie Sie sympathisieren, seien Sie gewiss, das das mir grund genug böte, Sie mit dem arsch nicht mehr anzusehen; und aus welchen gefühlen heraus ich diese sprachwendung, die genau den punkt trifft, wähle, das dürfte wohl in Ihrem vorstellungbereich sich befinden!
Welch ein KULTURverlust, wenn auf US-amerikanische UNKULTURverhältnisse (des profits, der sozialen ausgrenzung) wir uns einstellten, und um gar nicht zu reden von den AMERIKANISCHEN verhältnissen auf dem hinterhof der USA!
Und als wäre das nicht schon des erträglichen genug, nun auch noch der kriegsverbrecher Scharping, dem, wie dem perfiden Koch, der mindere IQ schon (von gott!) in die visage geschrieben ist.
Und auch Sie, ARSCHLOCH, wie alle westDEUTSCHEN, die ich kennengelernt habe, und wie meine verwandten, die reisen haben unternehmen können, und die doch immer als westDEUTSCHE spiesser zurückgekehrt sind; NICHTS, aber auch wirklich gar nichts hat Ihresgleichen jemals ändern können.
Nicht haben diese verstanden, das ALDIsachen wir (im anderen DEUTSCHEN staat) nicht brauchten, sondern zum beispiel bücher, ja, solche, die dreissig bis hundert DEUTSCHE mark kosteten, und welch ein OPFER war das schon in anbetracht der westDEUTSCHEN einkommen; wie habe jahrelang ich auf einen JONES (English Pronouncing Dictionary) reflektiert, immer wieder besuchende verwandte charmiert, bis

endlich eine cousine sich ERBARMTE, und es war ein erbarmen, das nur 30 DEUTSCHE mark kostete.

Weil diese kapitalistisch geprägte psyche ich verachte, weil keinesfalls in CZ als DEUTSCHE ich mich SO (geiz-kleinlich) zeigen wollte, habe ich mein notebook verschenkt.

Und täglich darob nun beisse ich mir in den arsch, denn in der kürze der zeit, bis also zu meiner unwiderruflichen abfahrt (DB-ticket) nach Avignon kann KEIN laden mir noch eines liefern, das meinen anforderungen entspricht.

Und mein ALTER Golf, AUTOMATISCHER benzinschlucker, ja, das ist westDEUTSCH-kapitalistische gesinnung: WEGSCHMEISSEN.

Und überhaupt: weglassen, wegwerfen, ignorieren.

Immer wieder auch bei Ihnen der zweifel: können ältere frauen (ich!) denn überhaupt noch eine sexualität haben, wenn alles gesellschaftliche sich eigentlich doch nach kapitalDEUTSCHEN verwertungsbedingungen richtet, wonach MASKULINISTISCH eine sexualität nur weiblichen teenagern zuERkannt wird.

Der auch Ihr körper unterworfen ist.

Und ob Sie überhaupt mich wahrgenommen hätten, wären wir uns anders als durch den wunsch nach GEMEINSAMEM ERLEBEN begegnet?

Und was alles zu den märchen ich schrieb, das scheint Ihnen HEKUBA; und der exkurs über REIZwäsche: lächerlich-, und noch schlimmer die geschosse, die FRAU HOLLE treffen sollen.

Und das am HOHEN MEISSNER, wie ein bedeutender wissenschaftler seine geliebte, so wie am liebsten auch ich Sie dort verscharren möchte, wenn soviel SCHEISSE Sie mir schreiben, das haben Sie noch gar nicht beDACHT, nicht wahr.

Verhüllen Sie lieber Ihren schwanz in den gewohnten schlabberhosen, denn die schreie Ihres durch Ihren anblick gedemütigten PC sind Sie ja sowieso nicht in der lage wahrzunehmen; Ihre photos habe ich in einen papiersack geschmissen, sollen die doch dort SCHMOREN bis ST. Nimmerlein; in la France jedenfalls wird KEINES le soleil erblicken! Es wünscht, im augenblick, Sie zum teufel. e."

Mittwoch, 22. August 2001

Diese kapitaldrecksäue, willkürlich erhöhen sie die preise vor einführung des euro, verdienen sich goldene nasen, weil sie die macht haben zu bestimmen, was es kosten soll, das die verbraucher für ihren lebensunterhalt brauchen; die löhne dagegen steigen nicht, rentenerhöhungen sind minimal; und die parteipolitiker führen aus, was vom kapital angeordnet wird: auch in europa am liebsten amerikanische verhältnisse der (gewerkschaftlichen) rechtlosigkeit, der armut, des überlebenskampfes der armen untereinander, eine zwanzig zu achtzig gesellschaft.

Mit vernunft ist dem nicht beizukommen, was cduspdfdpgrüne-politiker anrichten: die erodierung der öffentlichen hand, das arbeitsverhältnisse immer unsicherer werden und die menschen immer weniger geld zur verfügung haben, die entsolidarisierung der europäischen gesellschaften; unbestochenen auges kann doch nur das schlimmste vorausgesagt werden für europa im 21.jahrhundert: südamerikanische verhältnisse; und die bestechungssummen, die das kapital für die willfährigkeit der politiker zahlt, dürften nur gering sein im vergleichsrahmen der profite, die so ermöglicht werden; aber welcher gesellschaftliche schaden! Aber wenn nichts mehr da ist, dann werden sie ihr geld fressen müssen und hoffentlich daran verhungern; wobei die natur gleichgültig zusieht.

Von Bof auch heute nichts, diese westdeutschen!

Reisevorbereitungen: alles zusammenlegen, wäsche, kleidung, lektüre, lernmittel, etcetc.

Der bodybag mit allen papieren, was mache ich, wenn ich beklaut werde, was, wenn das auto mit all meinen sachen weg ist, ich darf nicht daran denken! Die kriminelle energie der der armen menschen im süden, denen ich, obwohl auch ich arm bin, reich erscheine.

Heute vom könig endlich Nossacks tagebücher, mit guten wünschen für Frankreich.

Es hat sich nun doch eine gewisse vorfreude bei mir eingestellt, und wieviel grösser wäre die gewesen, wenn von der DDR aus ich solch eine reise hätte unternehmen können; wie habe damals ich alle westwärtsreisenden beneidet, sogar Hanna, die mit einem lehrauftrag BLOSS nach Bulgarien ging. Ich werde le midi erkunden, werde der französischen sprache begegnen, werde sehen und entscheiden, ob ich zukünftig da leben will.

"Lieber F., die HESSISCHEN landeskinder und ihre HERREN!!!

Ich bin so froh, das kein gesinnungsvetter dieses scheisseKOCHS Sie sind, und das ich dieserhalb meine (schwanzfotzen)beziehung zu Ihnen nicht aufkündigen muss; und seien Sie unbesorgt, Ihre anspielung auf das ZWEITbuch wurde -angesichts des armseligen (west)DEUTSCHEN bücherdiskurses, den ein literaturschwein unverständig anführt-, geniesserisch verstanden und gewürdigt, ein BIENCHEN für Sie!
Was das wort ÄLTER betrifft, sollten dazu Sie nie mehr sich äussern, sondern LIEBER empfinden lernen, was sexualisierte fotzen, die selbstverständlich kein ÄLTER haben!!, einem schwanz alles bieten könn(t)en.
Was MÄRCHEN betrifft, wirklich Sie sind begriffsstutzig; und, meiner meinung nach, gilt dies auch bezüglich dessen, was über mauerbau Sie schreiben; sorry!!! Und wenn ich WÜTEND werde, werde ich so wütend, das eine WEISSE WELLE gleichsam mich überströmt, eine FOTZISCHE wut, die mich ausser mir sein lässt; ja, ich denke, Sie haben verstanden, was das bedeutet. Also F., auch wütendes arschloch, jetzt bin ich einigermassen besänftigt, hatte heute morgen ein ungewisses gefühl der vorfreude auf F., nicht wie F., sondern wie Frankreich, weiss allerdings nicht genau, warum. Ich leiste mir eben GEFÜHLE. e."

Donnerstag, 23. August 2001

Beklemmung, wenn ich daran denke, solange allein mit den auto unterwegs zu sein, stecke mir kleine ziele, die ich hin und her bedenke, also am Sonntag 10 uhr sollte ich den zündschlüssel im zündschloss bewegen können, das nicht das zündschloss blockiert sein möge, denn dann käme ich schnell in zeitnot, verladen wird zwischen 11.30 und 12 Uhr, bis dahin muss ich am Verladebahnhof Wannsee sein; eine weitere befürchtung: am Kreuz Schöneberg trifft ein pflasterstein mein auto, den SPASSESHALBER irgendwelche imbecilen von der brücke hinunterwerfen; und weiter, ich finde die ausfahrt schloss-strasse nicht; und weiter, ich finde die schlecht ausgeschilderte abbiegung zum verladebahnhof nicht.
Und dann Avignon, wie müde werde ich dort ankommen, wenn gewiss ich nicht gut geschlafen haben werde auf der DBpritsche mit weiteren drei personen zusammen im abteil; und werde von Avignon ich den weg nach Apt finden?

Und wird die technik mich nicht verlassen, wird alles trotz grosser durchsicht in ordnung sein, wird kein reifen platzen, und wenn ja, wer hilft mir beim radwechsel, den alleine ich nicht ausführen kann, weil meinen armen (vom chirugen noch mehr als von der natur lädierten) händen ich kann solche kraftanstrengung einfach nicht mehr abtrotzen kann, auch wenn ich es noch so sehr wollte.

Heute nun angefangen, einzupacken: Bettwäsche, handtücher, hygieneartikel, unterwäsche, kleidung, bücher, lehrbücher, wörterbücher, mappen mit texten, die ich überarbeiten will und fertigstellen:SPHINXE AUSGESTRECKT AM WÜSTENSAUM.

Der komfort, den gegenüber bahnreisen mit koffer ein grösseres fahrzeug doch bietet: was alles ich mitnehmen kann, auch cd-player und musik-cds.

Gespannt Thea Sternheims erinnerungen zu ende gelesen; eine intelligente frau, die opfer des fin-de-siècle-diskurses bürgerlicher weiblichkeit und männlichkeit wurde, dieses autorschwein Carl Sternheim, der sein kreativitätspotential in wahllosen beziehungen zu frauen auflud, und zugleich intellektuelle frauen, auch Thea, missachtete; dieserart bürgerliche KÜNSTLERmänner wie C.S., auch wenn man es jetzt noch kaum wahrhaben möchte, sind ihres menschenbildes wegen schon zum vergessen bestimmt.

Nur diejenigen autorInnen, die sowohl im LEBEN als auch im WERK die männliche Erzählung von WEIBLICHKEIT (aber auch die von MÄNNLICHKEIT) desavouierten, nur denen dürfte eine überlebenschance in der tradition gesichert sein.

Und es werden wahrscheinlich mehrheitlich autorinnen sein, die KANONISIERT werden dürften: die, die der (ihrer) lebensspur als MENSCH folg(t)en und die männliche erzählung von weiblichkeit (und männlichkeit) destruier(t)en.

Was auch mein vorhaben ist; weshalb an Bof ich mich (bis zur vernichtung) reibe, wovon dieser MANN, ich will keinen pejorativen ausdruck hier hinschreiben, anscheinend unberührt bleibt. Auch heute keine zeile von ihm.

Freitag, 24. August 2001

Die nacht unruhig geschlafen, um halb sechs zerschlagen aufgestanden, tranig im kopf, die FRANZÖSISCHE pflicht erfüllt, papiere zusammengesucht und nach wichtigkeit zusammengelegt; karten und reiseführer und mode d'emploi für den golf; es füllten sich

zwei grosse kisten und zwei kleine, oberbekleidung im beräderten koffer und dessen taschenaufsatz als kabinengepäck.
Was das gepäck betrifft, ich brauche mich nicht zu beschränken; ich nehme zu sichtende notizen mit sowie texte, die korrigiert werden sollen, bücher, den cd-player, musik-cds; eine wahre einschränkung jedoch ist, das ich kein notebook zur verfügung haben werde; also umstellung auf handwriting.
Lektüre:
Nathalie Heinrich, Das "zarte" Geschlecht, Frauenbilder in der abendländischen Kultur
Gerda Marko, Schreibende Paare, Liebe Freundschaft Konkurrenz
Gabriele Sorgo, Martyrium und Pornographie
Hans Erich Nossack, Die Tagebücher 1943-1977
Nossack heute begonnen, zwanzig seiten gelesen und schon sehr interessiert, widerspruch und zustimmung: "Man sollte immer so schreiben, das es von anderen nicht noch einmal geschrieben zu werden braucht."
Wenn fran "von anderen" in klammern setzte, dann stimmt der satz; denn fran kann immer nur für sich selbst sprechen und schreiben, und das, was weltweit geschrieben wird, das kann fran einfach nicht wissen, vielleicht gibt es bessere schreiber als fran, vielleicht aber ist auch frans schreibe die bessere; und ausserdem wird von unterschiedlichen ERZÄHLstandpunkten aus jeweils anders akzentuiert; Nossack scheint ganz unreflektiert verwoben in der erzählung vom MÄNNLICHEN geschlecht.
Verräterisch schon die wortwahl, ich unterstreiche:
"20.1.44: Ist nicht das 'Fiasko' Stendhals, die körperliche Unfähigkeit des Liebenden in einem Augenblick, wo die Geliebte willens ist, sich <u>hinzugeben</u>, ein Zögern, den <u>Zauber</u> nicht zu <u>zerstören</u>. Und ein Wissen, das alle Möglichkeiten, die der Zauber über uns hinaus gibt, <u>mit dem körperlichen Vollzug der Liebe verlorengehen</u>."
Und vice versa? Das wird nicht bedacht, nur das, das der mann mit seinem orgasmus in der frau diese beschmutzt; die lust der frau ist hier nicht mitgedacht, oder nur insoweit, als, wenn lustvoll sie mit einem mann verkehrt, sie in seiner (ärmlich maskulinistisch-klerikalen) erzählung nur eine hure sein kann.
Mit folgenden sätzen aber gehe ich konform:

"12.8.44: Man muss wohl ein gewisses Alter erreichen, um zu erkennen, dass Schönheit und Liebe sich gegenseitig ausschliessen. ... Schönheit und Liebe sind zwei Kreise, die einander berühren, nicht mehr. ... Aber sie bedingen sich nicht einmal ... . Wieviel Irrtümer entstehen immer wieder daraus, dass man es annimmt. ... die Künstler sind es, die diesen Irrtum am Leben erhalten und selber darüber zugrunde gehen. ... Es [Schönheit & Liebe] sind zwei Göttinnen, man kann sich zur Zeit (wortwahl unrichtig) nur immer zu einer bekennen. ... Dass die Götter nicht lieben, macht sie unsterblich und schön. Es ist zugleich ihr Mangel ... . Denn da sie nicht lieben, wissen sie auch nichts vom Leiden. Wie aber sollen Wesen, die nichts vom Leiden wissen, in unser Leben erlösend eingreifen? ... Zur Schönheit gehört Schauen ... . Aber zur Liebe gehört Hunger und Begehren."

Hier ist formuliert, was bis jetzt ich selbst nicht habe formulieren können, weshalb das Baudelaire-zitat von der SCHÖNHEIT in Bofs erstem brief mich so in rage brachte, so das, ohne irgendwelche folgen zu bedenken, denn jegliche folge war mir damals scheissegal, ich mich zu einer flapsigen antwort gezwungen fühlte; der göttin, der immer schon ich huldigte, war die LIEBE, nicht die schönheit, deshalb erschien mir der brief von Bof auch so absurd.

Und UNSERE beziehung war von anfang an vielleicht deswegen so missverständlich, weil wir, wie ich vermute, unterschiedlichen göttinnen dienen; weil immer ich vermutete, das seine die der schönheit ist, der ich mich nicht unterwerfen würde, nie. Und die frustration, die aus diesem zweifel in mir entstanden ist; denn auch nach über zwei jahren einer SCHRECKLICHEN bekanntschaft weiss ich immer noch nicht bescheid; weiss nicht, ob ich begehren darf "den Körper des Geliebten, weil er zu schön ist für mich" (Nossack paraphrasierend); der bis heute meinen brief nicht beantwortet hat; dessen verhalten ich LÄCHERLICH empfinde, unwürdig mir gegenüber; ist es ein MÄNNLICHES unterlegenheitsgefühl vor der faktizität des (männlich-unerzählten) wirklichen, das ihn so SCHEUSSLICH sein lässt; jedenfalls, seine (männliche) erzählung muss weiterhin destruiert werden, egal, was wird; für mein leben kann nur als verehrer der göttin der liebe er bedeutsam sein, wenn überhaupt noch.

Weil meine LEBENSSPUR in die zukunft hinein sich ziehen soll, und all das trotzdem eine so unsägliche mühe mir macht, will eine spur von mir ich aufgerissen wissen.

Samstag, 25. August 2001

"Lieber ALTER engel,

einst hatte ich mir vorgestellt, wie ich GB bereisen würde und die USA, wie hatte ich mich danach gesehnt, England zu sehen und eigenäugig das zu betrachten, was landeskundlicher inhalt des unterrichts war, den ich ebenso fernesüchtigen erteilte. Dann war ich dort: London, Norwich, Ely, King's Lynn und Cambridge -, und hatte danach keine lust mehr auf ein neues; und die USAreiseberichte meiner studienkollegInnen erbrachten auch nur wenig mehr als keine lust zu einer grossen fahrt dorthin.

Bezüglich Frankreich gab es jene sprachbarriere, die mich gar nicht daran denken liess, einen eindruck gewinnen zu wollen.

Und dann DU: Le Midi, die Cevennen "vielleicht werde ich mich später dort einmal niederlassen", der wein, la lavande, la langue d'Oc, die wärme, das begehren ... . Mon dieu, Robert, also habe erst einmal ich mich geographisch orientiert, dann schritte hin zur sprache unternommen; und die finde ich nun soviel schöner als das englische; sie macht mir lust, das ich sie zu beherrschen begehre, obwohl es mit lust und begehren sich verhält wie immer: viel frustration, kaum erlösung.

Und nun morgen beginnt meine GROSSE reise, sieben wochen lang hintereinander werde im Midi ich mich aufhalten, zuerst Apt und le Luberon, dann Nice, dann die Cevennen.

Und mittenmang werde ich auch spuren folgen, die im Juni 1999 du NÄSSLICH gelegt hast: Flayosc, Abbaye du Thoronet, Grambois, Montolieu, Montpellier; und im Juni 2001: Grignan und Lacoste.

Ja, von vorgefasstem hast du mich abgebracht, so das, als lebensvolte, ich nun ganz woanders hin reise als je erträumt; und in vorfreude, meinen golf habe ich halbwegs schon beladen, schreibe dir ich dies; und auch zwei beklemmungen erwähnen will ich: werde auf der Berliner stadtautobahn die richtige ausfahrt ich nach Steglitz/Schlossstrasse finden, und zweitens, ob es mir gelingen wird, von Avignonsüdbahnhof aus die N100 nach Apt zu finden.

Lieber R., erst heute wieder habe ich, zum zweiten male überhaupt, dein tagebuch vom Juni 1999 gelesen. Und wieder fühle ich mich der lektüre kaum gewachsen. Gewiss, wie du weisst, neige ich nicht zu sentimentalität, eigentlich bin ich doch ziemlich nüchtern;

aber wieder fliessen tränen, wenn ich dich lese, und wieder bin so zärtlich ich von dir ERregt, so LUSTvoll, das nur einhändig ich schreiben kann. Du bist so schön, liebster Robert, dein kopf, dein körper, das ich vor deinem anblick, wie jedesmal, (physisch fast) verzage; ich sehe, wie du deine eier vom straff untergeschobenen slipgummi zur geltung bringst, sehe deinen schönen schwanz, sehe wie mit den fingern du deine eichel berührst. Und wie damals, beim ersten mal, sehe ich nicht, was ich eigentlich sehen will, wie es herausspritzt aus dir, weil zur selben zeit so mit mir selbst ich mich beschäftigen muss. Warum, obgleich ich doch dich so begehre, werde von dir ich immer so frustriert, so sehr, das ein kurzes telefongespräch mir schon als unaushaltbar vorkommt?
Die ungleichzeitigkeit der gefühle!!
Als in Frankreich du guten mutes dieses WUNDERBARE (noch immer nach lavendel riechende) tagebuch für mich schriebst, beherrschten gleichzeitig mich nur gefühle der verlassenheit: das mit französischen freundinnen du deine tage verbrächtest, das alles zwischen uns (meine telefonischen masturbationen mit den deinen, meine orgasmen, die du bewirkt hattest) wahrscheinlich nur lug und trug war, denn du wolltest mehr als zwei wochen lang ohne jede nachricht mich mir selbst überlassen, nachdem fast drei monate so intensiv wir kommuniziert hatten. Ein weisse wut hatte mich überMANNt; lies so noch einmal die briefe an dich, deren zweck es ja war, dich zu erschrecken.
Mein Lieber, im märz wollte ich wissen, ob du schon TOT wärest; und wäre an stelle eines gefragten ich gewesen, ICH hätte SOFORT zurückgerufen, hätte von dir wissen wollen, was du meintest. Du hast dergleichen nicht getan.
Wenn ich im oktober 2001 zu dir kommen möchte, vielleicht, damit meine sehnsucht nach dir sich doch einmal ERfüllt, damit vielleicht es weitere male geben kann: wenn deine hände ich fesseln werde, wenn unterhalb deiner eichel einen rosa babybeissring ich befestige, wenn ich sehe, wie die eichel anschwillt, sich ins lilablaue verfärbt, wenn dein pissloch von meiner zunge penetriert wird ... , wenn dein genital ich bepisse. Bestrafst du mich? So? Liebster R. e."

Montag, 27.August 2001 – Viens: La Plaine

Avignon, ankunft pünktlich 8:30 nach fast 19 stunden zugfahrt. Zwei weitere stunden wartezeit bis zur entladung der fahrzeuge. Bauchgrimmen. Aber auch das hinunterfahren von der rampe, als erste!, wurde gut bewältigt, dann im Office de Tourisme erkundigung über route nach Apt und also langsam dahin aufgebrochen, und gleich verfahren bei der suche direction Cavaillon/Marseille, verkehrswidrige korrektur, dann aber lief es, ohne zwischenfälle bei höchster aufmerksamkeit für die entsprechenden hinweisschilder auf der N100 bis Apt, dort dann jedoch falsch eingeordnet und irgendwo mitten in der engen stadt gelandet; einen jungen franzosen radebrechend halb deutsch-halb französisch um hilfe gebeten, und von ihm sicher auf die ausfahrt nach Digne geleitet, und dann richtung Viens abgebogen und ÜBER LAND gefahren, staubig ansteigende kurven, und La Plaine gefunden.

Und jetzt 20:14, zufrieden erschöpft, fühle zu diesem eintrag ich mich bereit.

Meine drei mitreisenden im zugabteil: ein ehepaar, eine DaF-unilektorin-, sehr angenehm, gute gespräche über DaF in Portugal und gesunde ernährung allgemein und die jugendlicher, die in einem heim, das von dem ehepaar in MeckPom geleitet wird, physisch und psychisch betreut werden, zur lebensfähigung; bericht von ungeahnt unglücklichen jungen menschen, die am GENDERmedienbild verzweifeln und ihr leben wegzuwerfen gewillt sind.

Das abteil nicht klimatisiert, temperatur zwischen 37 und 30 Grad gegen mitternacht, was nur mittels fahrtwinddurchzugs einigermassen erträglich; unverschämte preise der DB.

Selbstverständlich auf der pritsche nicht gut geschlafen, aber immerhin doch geschlafen; pinkeln, wie seit langem üblich um 3 uhr war nicht möglich, da ich den mechnismus der türverriegelung ohne brille und im dunkeln nicht erkannte, also mit voller blase wieder hingelegt und darauf vertraut, das das angesammelte wasser von den nieren noch verbraucht würde in der hitze der nacht; und wirklich, bis 6:30 fest geschlafen.

Im raum zwischen wachsein und einnicken an Bof gedacht, sein tagebuch, wieder so ERregt; mein brief könnte ein letzter an ihn sein, und er soll gewissheit haben über meine gefühlsspannungen; andererseits aber sehe ich damit sowieso das ende gesetzt, was mir einzugestehen schwerfällt.

Bof: zu schön, zu jung.

Ich vergleiche, die lektorin in meinem abteil, um die 30, ihre hände, und dagegen meine: die venen; ihr gesicht und dagegen meines, wenn von beiden seiten licht einfällt: tiefe nasenmundfalten an mir, mein mund, der immer kleiner wird zwischen diesen furchen.

Im piscine von La Plaine heute nachmittag: eine Hamburgerin, die sich nackt sonnt, ihren körper zeigt, wenn sie mit Angies französischem gehilfen PARLIERT.

Ich sitze vor la Montagne du Lubéron, es ist warm und still, ich trinke einen dunklen roten, merke, wie, im wortsinne, das schreiben mir von der hand geht, schreibe mit bleistift, katzen umlaufen mich.

Nach meiner ankunft hier ein längeres gespräch mit Angie, deren schöne weibliche formen so ins auge FALLEN, formen, wie in bezug auf Bof ich sie an mir nicht akzeptieren mag; sehe zweifelnd mich, wie nach meiner ankunft heute nachmittag ich ins piscine gesunken war, wie das wasser mir guttat, und aber dann: wie da wieder hinauskommen, wie mich hinaufstemmen auf den piscine-rand mit meinen (muskelreduzierten) weiblichen ärmchen; es ist mir gelungen!, ohne mich zu verletzen, wie aber ich es angestellt habe, das bleibt mein geheimnis.

langsam wird es dunkel, und wind kommt auf. Der Luberon zeigt in rosa-rotem licht sich, zikaden.

Heute, spätnachmittags, als ich mir den wein holte, sah ich Angie: ein trägerloser tigerstreifenbadeanzug bis zur taille heruntergezogen, und der BEFREITE anblick ihrer schönen grossen brüste.

Solarfelder auf La Plaine erzeugen strom; trinkwasser ist knapp; jeder wassertropfen wird genutzt zum giessen der pflanzen, zum abwasch, zum duschen.

Plumpsklo.

Pissen aus dem stand, abseits. Eine besonder befriedigung für mich, ich lasse es strömen zwischen meinen beinen, lasse tropfen an den haaren meiner möse, fasse zwischendurch hinein ins feuchte und atme den geruch; und habe fast schon une bouteille + h^2o intus, und höre auf zu schreiben und gehe wiederum hinter die büsche und geniesse den abend, in heimatlicher(?) fremde.

Dienstag, 28.August 2001

Nachts noch über divergenzen nachgedacht, Bof sehr schön, ich zu intelligent.

Ab 23 uhr kein strom auf La Plaine, trotzdem ins bett gefunden, bis 2:30 gut geschlafen, dann raus zum pinkeln im stehen, unter dem pfeifen der zikaden gleich wieder eingeschlafen und um 8:30 gut erholt aufgewacht; im freien geduscht, gefrühstückt, plumpsklo benutzt, nach Apt gefahren, vor dem fluss schon abgebogen und selbstverständlich so INTERMARCHÉ nicht gefunden, eine mademoiselle gefragt: "pour aller au ..." , und ihre antwort verstanden: "tout droit", und auf dem wege dahin andere gäste von La Plaine gesehen, die mir bestätigten, das auf der richtigen route ich mich befinde, und ich habe einen parkplatz gefunden, auf dem oberdeck des supermarktes, wo nur noch drei weitere autos. Einkauf für fünf tage, wofür eine stunde gebraucht. Und zu tanken versucht, was nicht ging, wieder an meinen fähigkeiten gezweifelt, jedoch es lag am personalwechsel, ein franzose widerlichster art, auf jungefrauentyp hergerichtet: dürre schwarzgefärbte kopf- und augenbrauenhaare, erklärte mir, das dieserhalb zapfhähne zehn minuten lang gesperrt seien; wendungen, die ich kenne, fielen mir selbstverständlich nicht ein: Ca ne marche pas, pourquoi pas. MERDE ja.

Auf dem rückweg nach La Plaine verfahren: auf engstem (abgrund)raum wendemanöver, todesangst!, aber es gelang, und ich habe den richtigen weg wiedergefunden.

Spätnachmittags: salat und taboulé, abends salat und crevettes. Ansichtskarten an F., den König, Regina, meine nachbarin in Berlin und an Bof:

'Image du Midi: Le Midi quand les cigales chantent ... '; text: "Les temps des cigales, oui, et la chaleur, le vin rouge, le Mistral. Habe heute zum ersten male frische feigen gegessen und: gesehen! Bin wider erwarten gut angekommen auf La Plaine, vis-à-vis la Montagne du Lubéron; aber die reise geht ja noch weiter. Viens/Apt 28.8.01. e."

Jetzt, 20:45: es wird dunkel, die zikaden PFEIFEN, und ich sitze zufrieden vor la Montagne du Lubéron, es ist zu dunkel, um weiterzuschreiben. Vin rouge.

Mittwoch, 29.August 2001

Um mitternacht zu bett nach einem "lustigen" abend mit anderen gästen auf La Plaine (lehrerinnen, schrecklich).

Um 4:30 aufgewacht, hellwach, nach draussen, sternenhimmel unglaublich über der ganz im dunklen liegenden landschaft; der Grosse Wagen in einer deutlichkeit wie im lehrbuch.

Kein strom, keine hölzer, um kerze anzuzünden, bis 6:30 wachend gewartet, dann in die küche, um teewasser aufzusetzen, da jedoch noch so dunkel, das streichhölzer erst nach langem blindem umhertasten gefunden wurden, dann das gas gross angezündet, wasser aufgesetzt und tee bereitet, während alle anderen noch schliefen; lebensmittelkammer ebenso dunkel, lebensmittel fürs frühstück ertastet; gefrühstückt, wirklich früh, und erfahren, wie unbeholfen LEBEN sich gestaltet, wenn elektrizität fehlt.

Den ganzen tag auf La Plaine, zeitungsausschnitte und texte voneinander sortiert, Französisch gelernt, lange unterhaltung mit den Hamburgerinnen, eine davon arbeitet im Frauenhaus, ständige konfrontation dort mit schlimmen familienverhältnissen, insbesondere die durch SADOpraktiken verletzten frauen.

Kartenstudium, plan für morgen: Saignon, Buoux, Lourmarin, Bonnieux, Lacoste, Apt.

19:27 Sitze jetzt vor freiem, noch sonnenerstrahltem feld, dahinter, halbkreisförmig der wald und fern gegenüber der Lubéron im dunst, angenehm brisiger wind.

Vin de Pays d'Oc, rosé, habe keine lust mehr zum schreiben, nicht mehr über Angies gehilfen, den ich in meinem alter vermute.

Donnerstag, 30.August 2001

0:45. Kein anruf von Bof bis jetzt. Ob es verbindungsprobleme gibt vom festnetz zum handy (vorwahl)? Also werde ich ihm meine telefonnummer von madame P. in Nice mitteilen.

War tief eingeschlafen, nachdem ich wetterleuchten beobachtet hatte und auf wetterumschwung gefasst war: elektrische entlandungen in einer GIFTwolke, dann wieder mondeshelle (dreiviertelmond) und der sternenhimmel!!

Aufgewacht durch lautes geräusch am fenster, wahrscheinlich eine in der eiche umherspringende katze, und kann nicht mehr einschlafen; generatorproblem scheint beseitigt, denn ich habe LICHT in meinem zimmer, so das ich dies schreiben kann.
20:15. Heute war der tag des Petit Lubéron.
Gegen 8 losgefahren nach Saignon, dort la voiture durch engste strässchen bewegt, gegenüber der post geparkt, sechs karten in den briefkasten, und christliches bauwerk besichtigt, jedoch wie immer der eindruck: alles ideologie, alles abweisend, so das ich mich abwandte; dann den weg nach Buoux verfehlt und in Sivergnes gelandet, was erst hinterher mir klar wurde.
Für hybris habe ich un mille strafe abdrücken müssen, und dabei doch noch einigermassen glimpflich davongekommen. Also,
ich glaubte ganz sicher mich auf dem richtigen weg, obwohl strasse immer mehr sich zuschotterte, nicht am rechten weg zweifelte ich, sondern wieder an meiner fahrtechnik: wieder ich, die nicht schafft, was alle schaffen; missachtete also drei warnungen des Golf, wollte weiter, wollte aufwärts, wollte eine französische strasse hinauf, diejenige, die meiner meinung die richtige war, und es vielleicht auch gewesen wäre, wenn vorher ich nicht die falsche richtung gewählt hätte; und fuhr weiter, solange weiter, bis der Golf endgültig streikte und irgendwie ich dann aufwachte, erst dann, und mich zum wenden entschloss. Aber es gab da schon kein lenken mehr, die räder suchten sich den weg des leichtesten widerstandes und wurden von einem kleinen krüppelbäumchen gestoppt, was in praxi bedeutete, das das linke hinterrad von ein wenig holz aufgehalten wurde, so das es weder ein vorwärts gab noch rückwärts. So fest also, wie auf dem richtigen weg ich mich zu befinden glaubte, so fest war ich davon überzeugt, das aus dieser bredouille alleine ich nicht herauskäme und hilfe brauchte und mich also auf den weg machte zu der ferme, die bei einer kurzen rast auf einem plateau ich irgendwo unten gesehen hatte, und vor allem menschen, die dort arbeitend beschäftigt waren.
Nach dreihundert metern à pied abwärts aber begann mein sinn sich zu wandeln, anfallartig überkam mich die überzeugung, das SELBST die frau sein müsse, und ich kehrte um, ging schwitzend und keuchend denselben weg wieder hinauf, wobei sich die hacken am schuhleder aufrieben und blasen trieben; am Golf angekommen, räumte ich mit behandschuhten händen alle steine aus dem wege der vorderräder, legte dann lappen

unter sie und versuchte nach vorne hin steuernd mich aus der falle zu lösen; jedoch alles vergeblich, dreimal vergeblich, schliesslich drehte dann das linke vorderrad ganz und gar durch, warf mir ladungen von sand auf die frontscheibe, auf die motorhaube, durchs linke seitenfenster.

Ich stellte fest, das für so eine situation ich völlig unzureichend ausgerüstet war, weder hatte ich einen spaten dabei noch eine decke, und auch mein handy hatte ich nicht mitgenommen, obwohl das mir aber auch von wenig nutzen gewesen wäre, denn wie ich hinterher feststellte, war zu dieser zeit niemand auf La Plaine anwesend, der/die mich hätte erlösen können, und einem französichen pannendienst hätte auf französisch ich ja nicht einmal erklären können, wo ich mich befand, geschweige denn, was vorlag.

So nun erneut begebe ich mich, in elend scheuernden schuhen, strümpfe liegen im gepäck auf La Plaine, bergab hin zur FERME, wo zwei männer mir hilfe für tausend ff anbieten, was ich abweise, da die summe mir ganz unverhältnismässig scheint, ich biete fünfhundert, aber MAN lässt nicht mit sich handeln. Ich lasse also mir die wasserflasche noch auffüllen und mir wundpflaster geben für die blasen an den hacken und mache mich auf den weg zum dorf; und schon nach 500 metern weiss ich, das ich das nie schaffen werde, der rechte fuss schmerzt so, das sogleich ich jede sandalette, jeden schuh von mir werfen könnte. Also zurück, ich bin gewillt das LEHRGELD zu zahlen!; und diese beiden, ohne technische geräte, mit spaten&körper&muskelkraft allein, erlösen sie meinen Golf aus der verklemmung, werfen ihn auf den schotter, und der FERMEbesitzer fährt ihn rückwärts dahin, wo das erste mal der Golf mir ein zeichen gab, das ich missachtete, er wendet ihn, nachdem, gegen seinen widerstand, HANDLICH ich ihm, der durch gesten zu verstehen gibt, das von frauen er nichts sich erklären zu lassen wünscht, die Automatic erklärt habe.

Und alles wurde gut; selbstverständlich hatte ich nicht einen tausender bei mir, aber euroschecks, und einen davon füllte ich aus, welchselben der französische BAUER aber nicht kannte, und, obwohl meine visitenkarte ich ihm überreicht hatte, mir misstraute, tief innerlich wohl glaubte, das ich ihn betrügen wolle, wie wahrscheinlich er in ähnlicher situation betrogen hätte; also fuhr mit mir in meinem Golf er erst einmal zu seiner Ferme, telefonierte mit seiner bank, und erst als die ihm die richtigkeit des ausgefüllten euroschecks bestätigte, erst dann zeigte er sich bereit, die schlüssel meines wagens mir auszuhändigen, erst dann gab er meinen wagen mir frei, sehr höflich, ganz "französisch".

Auf kurvenreichen wegen durch den Lubéron also zurück, erstmal nach Apt, ich parke am intermarché, besichtige, innerlich noch zitternd, la ville, das neues mir nicht bietet, eine fussgängerzone mit geschäften, rundherum umflutet von strassen verkehr, und menschen, die abgasumwölkt in cafés ihren café trinken: Le Sud. Kennst du eines dieser städtchen hier, dann kennst du alle. La France.

Die créperie, in der ich um 14 uhr eine galette essen will, öffnet erst wieder um 15 uhr, es ist, obwohl September, siesta in Südfrankreich; und touristen, die kaufen und verzehren würden, lässt man zu dieser zeit, jedenfalls ratlos umherirren; auch der buchladen ist geschlossen, keine öffnungszeiten an der ladentür vermerkt, merkwürdig.

Wenn also keine galette, dann will ich gar nichts essen in dieser scheiss-stadt, ich fahre zurück nach La Plaine, wo ich die klamotten von mir schmeisse, sie in die waschschüssel versenke, bevor genussvoll unter der dusche ich pinkele, mich danach, halb-abgetrocknet, in meinen jeansfarbenen kasack schmeisse, dann bluse, BH und schlüpfer wasche, spüle, aufhänge; etwas esse: würstchen, tomate, paprika.

Und ins bett sinke.

Am frühen abend autosäuberung, OCKER, gleichmässig verteilt, ich fege und verschmiere so alles, und wenn ich nass wische, daselbe resultat; also lasse ich es, warte auf bessere zeiten, REGEN! Dann tee, dann vin rosé, dann schreiben.

21:40, ich schreibe schon seit einer halben stunde im zimmer, draussen weht kühl der Mistral, unangenehm, es ist dunkel, der mond hinter wolken, stehend, augen zu den sternen gerichtet, pinkele ich wie gewohnt.

Das handy ist offen, kein anruf von Bof. Wie hätte an seiner stelle ich mich verhalten, wenn ein brief wie der meine an ihn von ihm mir geschrieben worden wäre.

Unterhalb meines zimmers sitzen gäste und plaudern, sagen langweiliges zeug. Ich bin müde. Plan für morgen: Bonnieux, Lacoste, Apt.

Freitag, 31.August 2001

Alles ist wie geplant verlaufen, von Apt aus die ausfahrt nach Bonnieux sicher gefunden, kurvenreiche strecken, immer schmetterlinge im bauch bei gegenverkehr, aber zwei vehicules können sich auf den französischen D-strassen begegnen, so breit sind sie doch.

In Bonnieux besichtigung der beiden kirchen, die unten und die weit oben, von der schon ein schöner blick auf Lacoste; danach der markt, eine 30ff teure keramiktasse in den farben der Provence nicht gekauft, wie ebenso nicht einen sonnenhut für 180ff., dafür aber 15 postkarten, auch solche schon von Lacoste, was ein richtig voraussehender entschluss war, denn an ort und stelle, in der mittagszeit!, war tatsächlich dort kein einziges geschäft geöffnet.

Lacoste: die strasse dahin gefahren und wege dort begangen, wie Bof im juni diesen jahres, zum Chateau hinauf auf einem feldsteinweg, die ruine, einsturzgefährdet, auf "eigene gefahr" der betrachterInnen; eine nach innen erwiesene reverenz an de Sade: ALLES sagen, auch das nicht opportune, das nicht gewünschte-, insofern übereinstimmung hier und auch hinsichtlich alles antiklerikalen, jeglichen dunkelmännertums.

Überraschend die aussicht vom Chateau-plateau, lieblichste landschaft zwischen Lacoste und Bonnieux, felder, weinberge, hügel, der Lubéron.

Zurück nach Apt, dort armbanduhr mit neuer batterie versehen lassen, inzwischen zum Café Gregoire, wo man vom brandenden verkehr etwas zurückgesetzt sitzt; schrecklich und langweilig.

Wieder nach La Plaine. Intensives gespräch mit Angie.

Der Mistral, gegen abend so kühl, das türe und fenster ich schliessen muss, und auf dem bett sitzend schreibe.

Postkarten an Friederike (Bonnieux) und Ingrid (Lacoste);

und an Bof (Chateau Lacoste, allerdings mit einer anderen sicht darauf als der, die im juni 01 er für mich wählte):

"Viens, 31.8.01

Leider immer alles ungleichzeitig: die orte, die lust, die laune; und was wäre von gefühlen erst zu sagen.

Begebe mich am Sonntag nach Nice, wohne bei Madame P., Tel: ... . Montag beginnt der französischkurs. e."
Bittere reflektion: Bof ein unerwachsener mann, den unverdienterweise ich aufwerte? Sowieso alles vergeblich?
Plan für morgen: der berühmte Samtagsmarkt von Apt.

Samstag, 1.September 2001

Seit vorgestern zunehmende verschlechterung des wetters, gestern morgen schon sehr kühl, doch im tageslauf erwärmte es sich zusehends, abends dann kalter böiger wind, der es mich draussen nur am geschützten orte, in der nische vor meinem zimmer aushalten liess, aber schon nur mit windjacke und socken an den füssen.
Heute morgen arschkalt, musste in der gemeinschaftsküche frühstücken und bis neun im zimmer bleiben, was, wie in sommerferienquartieren oft, sich als ziemlich ungemütlich erweist. Seit 9:30 draussen, lange hose, bluse, weste, windjacke und socken, wovon der rechte jetzt schon die blase, die durch mein "abenteuer" verursacht wurde, blutig gerieben hat, es schmerzt TIERISCH; kalte hände. Der himmel ist stark bewölkt, sonne nur für augenblicke, also eine erfahrung, ob ab September ein aufenthalt hier oben noch empfehlenswert wäre; unter dem gesichtspunkt des allenreisens und alleinlebens scheint es hier gar nicht so akzeptabel, wie von Berlin aus ich es mir vorstellte. Mittlerweile sturm, die wolken verziehen sich, sonne in längeren intervallen.
Wie alles hier im süden ich wahrnehmen will, das wird zum teil sich ja auch aus der gestaltung der beziehung zu Bof ergeben; ob als eine essentiell-emotionale (be)stärkung oder nicht; und letzteren falles, was will dann ich hier, allein hier zu sein gibt es eigentlich keinen grund.
Und gerade nach dem gespräch mit der ganz aus dem körper wirkenden und strahlenden Angie, die im leben sich präsentiert wie auf der bühne, erwäge ich hin und her, was mein körper gelten kann bezüglich eines anspruches an ihn; und welcher körper ihm ZUSTEHE, an den einen anspruch er geltend machen, und vielleicht verwirklichen, könnte.
Das dilemma von unsereins frauen, ich und Angie; Angie, die ihre weiblichkeit offensiv zur schau stellt und ERfüllung verspricht, ganz und gar, was männer aber in angst zu

versetzen scheint, und ganz besonders FRANZOSEN, die starke frauen geradezu zu fürchten scheinen.

Gefühle der beklemmung in hinsicht auf morgige fahrt nach Nice; wird der so von mir geschundene Golf durchhalten, wird es vielleicht materialermüdungen geben oder -versagungen? Alpträume. Geplante route: über Digne auf die N85 und später die N202, die vom norden direkt nach Nice führt.

Gegen mittag anruf von KFE und nochmals fahrtroute besprochen. Also besser ist die autobahnbenutzung, weil es schneller geht, also von Apt nach Aix, und von dort richtung Nice immer entlang der A8, die direkt auf die Promenade d'Anglais führt, von wo aus, wenn ich die karte von Nice richtig lese, der Boulevard Gambetta leicht zu finden sein müsste.

Ich fühle mich ziemlich enerviert, der wind ist so ätzend, das ich im zimmer sitzen und schreiben muss; ich hadere mit meinem entschluss, diese reise allein zu machen, und dazu noch so lange; verstimmungsgefühle im bauchraum, ich brauche etwas, ich nehme ein gläschen Rosé; und ich habe schmerzen im halswirbelbereich, stemme also mein 5kg-gewicht, zehnmal für jede seite.

Angie kommt wegen des buches von Julia Cameron über kreativität, das sie mir geliehen hatte und das ich ihr sofort zurückgebe, denn nach einem flüchtigen querlesen wusste ich schon, das deren hinweise ich nicht brauche, da meines (schreib)weges ich mir ja bewusst bin.

Angie und die frauenband "Schneewittchen", früher. Mit eigenem programm in diesem winter in Berlin.

Könnte/wollte ich auf La Plaine überwintern, vielleicht mit ein bisschen mehr komfort als ihn ein sommerzimmer bietet, wie etwa Montaigne in seinem turmzimmer?

Sollte bezüglich Bof ich mich nicht eher freundlnschaftlich verhalten? So das im spiegel ich mich nicht mit den augen eines mannes betrachten müsste? So das mir kein frauenbild vorgegeben würde, das mein eigenbild als defizitär erscheinen lässt? Weil ich sein will, wie ich bin, wie jeder autor sein kann, wie er ist, und trotzdem freundinnen findet, so will ich freunde/einen freund finden. Vielleicht erst in zehn jahren ist Bof REIF für eine beziehung mit mir, was weiss denn ich.

Entwurf einer mit-teilung an Bof: Deine orte, wo du TOTEN deinen schatten schenkst. An ein WINTERherz (vielleicht) letzte zeilen. e.

Sonntag, 2.September 2001 - Nice

Promenade d'Anglais, 15 uhr. Boulevard Gambetta nicht gefunden, obwohl zweimal erkundigungen eingezogen, deshalb HANDY-verbindung mit Madame P. hergestellt, die dann von dem orte meiner unkenntnis, übrigens ganz in ihrer nähe gelegen, mich sicher zu sich geleitet hat, mir mein zimmer gezeigt offerierte sowie den von ihr angemieteten garagenplatz für den Golf.

Gegen abend langer spaziergang mit Madame P. auf der Promenade d'Anglais. Sehr müde. Sehr erleichtert.

Montag, 3.September 2001

Kennnisnahme der sprachenschule im (ehemaligen) Hotel Majestic, Stadtrundgang Nice, die Altstadt, das Chateau.

Dienstag, 4.September 2001

Vormittags unterricht, nachmittags anfertigung von Pan Bagnat im "kollektiv".

Route Turin mit Madame P. wegen Golf-reparatur

Mittwoch, 5.September 2001

Unterricht am vormittag; nachmittags mit Inka die altstadt.

Anruf beim ADAC Lyon wegen panne.

Donnerstag, 6.September 2001

Unterricht; Musée Chagall.

Golf per abschleppdienst befördert nach Nice-Trinité, Vergaser.

Freitag, 7.September 2001

Unterricht am vormittag. Nachmittags per taxi, bezahlt vom ADAC, nach Trinité, um Golf abzuholen; mit taxifahrer als guide zurück, ansonsten wäre in Nice ich verloren gewesen!

AUFTRITT von Madame P. wegen vermeintlich von mir verursachter telefongebühren, obwohl ich immer nur auf ihrem apparat angerufen worden bin: vom ADAC Lyon, vom Taxifahrer.

Samstag, 8.September 2001

St.Paul de Vence, all die galerien; Musée Kandinsky/Fondation Maeght.

Nice: Blumenmarkt und altstadt mit Inka, cidre doux.

Sonntag, 9.September 2001

Menton über Monaco, altstadt, meer, friedhof über der stadt, dort die berühmten russischen schwindsüchtigen.

Nachmittags Nice: Blumenmarkt und altstadt.

Spätabends per handy Bof angewählt, jedoch der, obwohl verbindung hergestellt schien, gab kein sprechzeichen.

Montag, 10.September 2001

Unterricht am vormittag. Nachmittags Villefranche-sur-mer: Festung, Musée Volti, altstadt: Rue Obscure.

Dienstag, 11.September 2001

Unterricht am vormittag. Nachmittags Villa Rothschild: das areal als schiffsförmige anlage zwischen zwei MEERen; der garten.

Altstadt Nice spätnachmittags: internetcafé, une demi heure: 25 FF, mails an FJE und F.

Abends zeigt Madame P. mir im fernsehen: den NEUEN krieg, die zerstörung des WTC in New York.

Sehr ambivalentes gefühl dieserhalb: die zunehmende amerikanisierung der welt, was ursachenverschleiernd auch globalisierung genannt wird; diese tat als ein zeichen des

widerstandes der zur verarmung verurteilten; und mir ist unwohl bei dem gedanken an die urheber: religiöse (moslemische) dunkelmänner schliesslich-; wie schlimm erst wäre eine TALEBANISIERUNG Europas.
Und **talEUban**, mein text, wie aktuell; mit dem vor zwei jahren ich mich in den Klagenfurter literaturbetrieb hatte einmischen wollen, was jedoch ganz und gar resonanzlos blieb, nicht eine einzige jurorIn hat auch nur eines einzigen wortes mich gewürdigt. Jedoch texte sind da, mit datum und uhrzeit, unabhängig von kulturbetriebsurteilen.

Mittwoch, 12.September 2001

Am Gare Thiers eine deutsche zeitung gekauft, deren name unnennbar ist; unterricht am vormittag; die betroffenheitsrethorik der vorwiegend westdeutschen kursteilnehmerInnen ist widerlich!
Nice: Musée Matisse, Franziskanerkloster, Friedhof und Grab von Matisse.

Donnerstag, 13.September 2001

Vor dem frühstück ansichtskarte an Bof: "Lieber Freund, ein gruss aus Nice, den ich eigentlich persönlich am 9.9.01 an dich richten wollte, aber mein handy war dagegen. Le sud ist so schön, so das in keiner weise ich nachtragend sein möchte. e."
Wiederum die unnennbare zeitung am Gare Thiers gekauft wegen der New Yorker ereignisse; unterricht am vormittag. Nachmittags Èze village: le jardin, die kakteen und die aussichtsplattform mit rundumblick, Cidre im gartenlokal, danach zum freiluftcafé, "das schönste café an der Côte", dort jedoch nichts verzehrt, weil alles unmässig teuer; lieber "un café" in einem café am fusse des berges, ansichtskarten an den König und wiederum an Bof: "Èze village, lieber freund, heute mein letzter ausflugstag an der Côte d'Azur, hierher, und wieder ein besonderes erlebnis. Samstag dann geht es nach westen über Aix, Arles nach Bezièrs. Der neue krieg, d.h. hier im augenblick: faire en plein; und sich ruhig geben: granaten werden in wohnungen vermutet. e."

Freitag, 14.September 2001

Unterricht am vormittag. Nachmittags: Musée d'Art Moderne et d'Art Contemporain de Nice; vorwiegend in RAHMEN gepresste anhäufungen von (westlichem) zivilisationsschrott, für den das Musée einen KUNSTDISKURSRAHMEN verkaufsfördernder anerkennung (durch kapitalhaie) schafft; sehr beeindruckend nur: Suzie ... , junge frau nach einer vergewaltigung.

MATISSEkarte: "Chére Madame P., je vous suis reconnaissant de votre gentilesse et de votre hospitalité. e."

Sonntag, 16.September 2001 – Montagnac: Bergerie de Lavagnac

Ansichtskarten:

"Chère Madame P., hier, je suis arrivé bien á Montagnac vers 15:30 h. J'ai trouvé la route, ca n'etait pas difficile; j'ai pris de repos plusieurs de fois. Vers Marseille: une longue interruption (une heure): bouchon. Merci et au revoir, e."

"Liebe Inka, diese karte (Villefranche-sur-mer, Rue Obscure) zur erinnerung an einen ort, den zusammen wir zwar besuchten, wo jedoch nicht ein tröpfchen CIDRE floss! Letzten Freitag war mir das Musée d'Art Moderne in Nice wichtiger als all der small-talk in der gruppe; das verstehst du gewiss. Ich hoffe, das du zu hause gut (gefliest) emfangen worden bist. Liebe Grüsse e."

"Cher Harald, seit drei wochen bin ich nun schon hier in La France und werde noch vier weitere bleiben. Mit blick auf die ausläufer der Cevennen schreibe ich dir bei schönstem wetter. Mein sprachkurs in Nice: zum vergessen!, keine ahnung hier von methoden eines modernen grammatikunterrichtes. Amicalment, e."

"Lieber Robert, mit blick über einen weinberg, aus dessen vorjahresernte im augenblick ich trinkend geniesse, hin auf die ausläufer der Cevennen schreibe ich dir von hier, wo ich gestern eingetroffen bin: immer noch diese wärme, die sonne, der blaue himmel, das licht, ich bin tief berührt; hier möchte ich bleiben, wohnen. Seufz. Irgendwie irgendetwas vorahnend bin ich aus D abgefahren, habe davor dir noch lang geschrieben, falls ... ; weil ich wollte, das du wissest!; ungeachtet der emotionen, die z.zt. dich (vielleicht) beherrschen: Toi, tu ne parles pas à moi - wofür es gründe geben mag, die aber ich nicht verstehe, wie so vieles, das ich (an dir/von dir) nicht verstehe, das in anbetracht dessen, das du die "grossen franzosen der literatur" kennst, die BRIEFESCHREIBERINNEN, mir so kleinlich vorkommt (subaltern). Also, es war der vergaser, der ein "feu+finis" hätte verursachen können, wie der französische monteur in Nice mir wortreich erklärte. Morgen Agde und übermorgen Montpellier. e."

Gestern abend, nach der fahrt von Nice nach hier, noch lange ein gefühl der erschöpfung, der wind (auf elektronischen autobahnhinweisschildern: VENTE VIOLENTE), die geschwindigkeit, meine angst, der stoffwechsel.

Heute morgen lebensmitteleinkauf in Montagnac, dortselbst dann mittagessen: la baguette, le camembert, la tomate, le paprika; danach eineinhalbstunden mittagsschlaf; spaziergang zum Chateau de Lavagnac.

Reflektion Nice: die strassenenge der altstadt verhindert sonneneinstrahlung, dadurch angenehme kühle dort, milde wärme, appetitanregende gerüche, leben.

Nice ansonsten: schmutzig, nach hundekot und hundepisse stinkend, entsetzlich laute motocyclettes, die auch auf fussgängerwegen gefahren werden, mittenmang durch tische der brasserien hindurch, gehwege allüberall ständig im dicksten abgasnebel; dasselbe auch auf dem strandboulevard, der zwischen steinigem strand und sechsspuriger schnellstrasse (Promenade d'Anglais) sich befindet; keine abstand, nie!, vom auto-abgas/lärm-verkehr, und über allem diese brennende sonne, aus blauestem himmel herunter aufs blaueste meer, EIN besuch EINFÜRALLEMAL.

Montag, 17.September 2001

Sonne pur, mässiger wind. Nach Pézenas. Dort alle läden geschlossen: Montag!!. Geldautomat an der post funktioniert nicht, am schalter wird EC-karte nicht akzeptiert; mit vorletztem bargeld kaufe ich zehn briefmarken und befördere meine post à la boîte. Danach geldautomatensuche, erfolgreich.

Und neben einer Shell-tankstelle finde ich eine werkstatt, wo der vorderreifendruck überprüft und korrigiert wird, gratuit, ich gebe 10ff pourboire, weil ich so erleichtert bin, das niemanden in der Bergerie ich um hilfe angehen muss.

Pézenas und sein feudales "hôtel" Lacoste. In dessen nähe finde ich ein restaurant, das von wie frischen kastanienblättern beDACHt ist und von klettergewächsen umrankt wird, Plat du jour: Entrecôte avec sauce roquefort et pommes de terres, plus: un guichet

Rosé,60ff, was alles appetitlich mich anzieht, denn seit drei wochen habe ich kein fleisch mehr gegessen, und ich bestelle es SAIGNANT.
Und es hat mir geschmeckt, obwohl ich schlecht bedient wurde von einer aufgenudelten bedienfrau, so aufgehübscht, was in jedem alter ja peinlich wirkt, weil durchschaut, nicht wahr, und weil für sie ich niemals der RICHTIGE gast bin, der nur ein MANN sein kann, wenn auch ich genauso zahle wie ein mann; laut muss ich MADAME sagen und auf das leere glas zeigen, ehe der Rosé kommt; und meine bitte nach l'addition lässt so lange auf sich warten, das ich die francsumme zusammensuche, sie auf den tisch schmeisse und gehe.
Etwas benebelt ein kleinerer stadtrundgang danach, dann angstfrei mit dem Golf zurück, weil richtiger reifendruck und voller tank.
In der Bergerie eine zusammenrechnung des bisherigen: schon 7000ff verbraten. Beim geniessen des hiesigen landweins schreibe ich eine Ansichtskarte vom Hôtel Lacoste an Bof: "Alter kauz, namen, nicht wahr. Ich wünschte, ich besässe dieses anwesen, oder das ich zur miete dort wohnen dürfte. An phantasien mangelt es mir nun wirklich nicht. e."

Vom Himmel oder aus der Hölle

Damals hatte sie, am morgen danach, sein haus verlassen, wortlos, grusslos. Als irgendwann sie einander wiedertrafen, waren sie d'accord, das immer zwei willen das spiel wirklich bereichern konnten und das, bis ganz zuletzt, in der schwebe bleiben musste, wer in der jeweiligen nacht wem die dominante rolle anböte. Der verführerische schock jedesmal dann, den wechselseitig sie aneinander erfuhren, wenn im zusammenspiel ihrer willen sie einander sich überliessen, wenn plötzlich ein wille dominierte, dem der andere sich unterwarf, dieser erlebensschock, und welche wärme und zärtlichkeit darin. Sie hatte ihn ins EASTSIDE gebeten, hatte dort ihn zum sichumkleiden aufgefordert, sachen, die sie besorgt hatte, anzuziehen. Also hatte er er kartons und tüten geöffnet, deren inhalt auf dem bett ausgebreitet: corsage mit strapsen, blickdichte strümpfe und highheels, ein durchsichtiger netzkimono, alles in schwarz; und langsam, keineswegs widerwillig, begann er ungedachtes zu tun, ganz bedächtig, sich über sich und sein verwandelndes äusseres sich verwundernd, tat er, was sie verlangte. Als dann vor dem spiegel sie sich gegenüberstanden,

äusserlich sehr gleich, er natürlich ihre mehr als handvollen brüste wahrnehmend, die unter dem kimono schimmernd aus der corsage quollen, und sie selbstverständlich sein schönes gemächte zwischen den strapsen; als sie erkannten, wie jeweils eigen sie sich spiegelten und sich im auge des anderen spiegeln liessen, er sie, sie ihn, ihr hintern war dicker, seiner zäher, die striemen auf seinem waren tiefrot und die haut schien verwundeter als die seinen auf ihrer, an den schenkeln bei ihm aber nur oberflächliche druckstellen, während ihre dort tief eingekniffen sich zeigten, lila-braun, ziemlich beängstigend, so wie ebenso jene perlenartigen flecken um seinen hals herum.
Und die schuhe, zu ihrer beider amüsement, in denen gravitätisch er umherstolzierte. Vor dem spiegel schminkte gleich ihrem sie sein gesicht, lippen und wangen mit rouge, auf seine wimpern tat sie mascara und umrandete mit lidstrich seine augen. Ja, und so ging es weiter. Wer gebunden, wer gepeitscht wurde, ahnungslosigkeit beiderseits vorher, wer wen leckte, wer wen anpinkelte, wer sich trinken liess, alles entsprechend der tagesform, mal war sie schwächer, mal er, und manchmal kauften sie einen callboy, und manchmal eine hure. Und so lebten sie dahin.

Dienstag,18.September 2001

Béziers. Im stop&go-tempo fährst du hinein in die stadt, einbahnstrasse, zu beiden seiten parkende autos, keine parklücke, abgasverruchte häuser, gestank; tourist, der du den Baedeker liest, 9.auflage 2000: kein wort davon ist wahr, das du die allée Paul Riquet als HERRLICH sehen wirst, sie ist düster-schmuddelig, eine budenanhäufung umbrandet von verkehr; zwischen 12 und 14:30 alles geschlossen, das Office de tourisme, das Musée des Beaux Arts, St.Nazaire; es überfällt dich die ideologische gewalt der Kathedrale, wenn hoch genug nur du gelaufen bist und jenen wehrhaften kathedralenrundumblick hast von da oben, hin auf die Cevennen, die Monts de l'Espinouse; der Garten des Bischofs zeigt heruntergekommene gartenkunst à la francaise, kulturlos vernutzt von teenagern der stadt, zeichen des an-ästhetischen, wie diese gruppe in europa sie überall (hin)setzt.

Am Plan St.Nazaire den plat du jour: la salade, les legumes, la vollaille, les pâtes, un café après, 60ff.

19ff für zwei stunden parken im parkhaus, das so enge abstellflächen bietet, das, wenn du den wagen auf den platz manövriert hast, du dich aus deinem auto quetschen musst, denn weder zur einen, noch zur anderen seite kannst du die türen austiegsfreundlich öffnen.

Hallo, seien Sie gegrüsst, lieber Herr Deutsch, der Sie mir beim einparken die richtung wiesen und mir, der Berlinerin, weiterhin schöne urlaubstage wünschten.

Zurück nach Pézenas, die richtige richtung gefunden, irgendwie mit dem Golf im einklang gefahren. Am rande von P. ein HYPERMARCHÉ, gut und sehr billig eingekauft: des baguettes, des croissants, du fromage, des fruits et des legumes.

Die grösseren französischen städte im süden, wiederum vergleich mit solchen in der DDR, in Polen, in Böhmen und Mähren; und ich bin geneigt, mich zu ungunsten Frankreichs zu entscheiden, wenn es hier nicht das klima gäbe, die wärme, den himmel, die natur, die fürchterlichem MENSCHENWERK sich NOCH entzogen zeigt, wie lange noch?

Sommerküche und terasse der Bergerie sind okkupiert von den (west)deutschen gästen zwischen 30 und 40, die dort den SÜDEN pflegen: essen, sich (laut) unterhalten bei (lauter) irgendwasmusik. Würde ich mich einfach dazwischensetzen, würden sie dies sicherlich als störend empfinden; weil, die jungen frauen grüssen mich ja noch freundlich, auch mit blickkontakt, die jungen männer jedoch sind maulfaul, zeigen in körperhaltung mir, was sie denken, das im MUTTERalter ich bin und also unbedeutend für sie, obwohl kein einziges wort jemals zwischen uns gewechselt wurde und sie von meiner erotischen individualität nichts wissen. Also gehe ich auf mein zimmer, lasse die inzwischen zweite flasche landwein zur neige gehen, nehme den duft des baguette wahr, das, zusammen mit camembert, der vor dem fenster stinkt, und tomaten und paprika mir eine köstliche abendmahlzeit verspricht. Es wird kühl, ich habe weisse socken über die füsse gezogen, trage über der weissen jeanshose die blaukarierte bluse mit schal und weste; das fenster habe ich geschlossen; mit Nossack-lektüre sinke ich in eine tiefere melancholie.

Mittwoch, 19.September 2001

Sehr kühle nacht, im schlafanzug mit langen ärmeln sehr unruhig geschlafen, obwohl himmlische ruhe hier des nachts und leuchtende sterne an einem völlig sehr schwarzen himmel, kein zikadenlaut mehr, der sommer scheint passé.

FRANZÖSISCHpflicht am morgen: CD-text und lehrbuchübungen; sehr unzufrieden, nichts ist automatisiert. Gegen mittag á pied nach Montagnac und ebenso zurück, zweieinhalb stunden lang diese wohltuende körperliche bewegung, langsam, zwischen weinfeldern, eine gegend ergehend; es ist erntezeit, ich grüsse die helfer, sie erwidern BONJOUR, MADAME; über uns wölkchen am strahlenden himmel, und wie wohltuend die kleine kühle brise. In Montagnac eine minute vor zwölf dem Office de tourisme gerade noch einen plan de ville entrissen, und danach das centre ville durchstreift, an resten der stadtmauer vorbei, wenige häuser, die bewahrt wurden und nun ein stolz der kleinen stadt sind, und St. André, von aussen trutzburg, ganz ideologisch wehrhaft mit einem 50 m hohem turm, innen gotik, klein im bau, menschlich, und dadurch überzeugend, drei apsien, mittelschiff und zwei seitenschiffe, kleine sonnendurchstrahlte farbfenster.

In der Bergerie wieder angekommen, sind die küchenbesetzer noch fern, ich wärme zwei deutsche würstchen, die seit Sonntag im kühlschrank lagerten und esse dazu taboulé. Wieder ein unbestimmtes gefühl der erschöpfung, kopfschmerzen, wahrscheinlich verursacht von der sonne, die stirn und nase gerötet hat, sonnenallergieflecken auf den unterarmen. Ich schlafe tief eineinhalb stunden, danach FRANZÖSISCHpflicht.

Per handy anmeldung in Auziale für Samstag; die verwalterin, die vielsagend mir den weg erklären will, unhöflich abgewürgt, da meine "handywährung" nur noch beschränkt vorhanden, von den 300 DM kartenvorrat habe ich schon 200 DM vertelefoniert; was kostenmässig ja unmöglich ist; also werde ich alsbald wohl endlich eine telefonkarte der FranceTelecom erwerben müssen.

Planung für morgen Montpellier, EC-card, papiere, handy, autokarte, Baedeker.

Keine lust auf anwesende andere gäste. Lustvolle unterhaltung dagegen mit dem tagebuchschreiber Nossack, der sich als finsterer sexist darstellt, dessen ehrlichkeit ich aber anerkenne, denn, so wie er GENDER erzählt, wurde ja GENDER erzählt, und seine diesbezügliche unreflektiertheit ist schon aufschlussreich im vergleich zu seinem

vermögen, die existenz eines schreibenden menschen zu hinterfragen. Sein sog. WERK wird wegen seines reduzierten/defizitären menschenbildes vermutlich kaum überleben, dafür jedoch sein tagebuch, als das eines authentischen beleges für die der zeit entsprechende (ideologisch/religiös/sexistischer) diskursverhaftung eines männlichen autors mit dem willen zur erschaffung dementsprechender fiktionen.
Dieser GenderTellingWorld sehe ich auch Bof verhaftet, seine eltern, die dem protestantisch-christlichen klerus angehören mit dem entsprechend hierarchischen menschenbild; seine prägung fürs leben.
Am liebsten, finde inzwischen ich, lese ich, was ich selber schreibe; aber auch sehr gerne authentisches, tagebücher, autobiographien, essais à la Montaigne.
Ich trinke die weinlese des vorigen jahres, letzte sonnenstrahlen auf die Garrigue: 19:22, blauer himmel, leichter mistral. Und denke an Bof, der mir hier so unwirklich wird, phantomhaft, ich fühle kaum noch einen schmerz, im augenblick fühle ich gar nichts, keine betrübnis hat mich angefallen darüber, das er nicht anruft, das er nicht mit mir spricht; morgen nun werde ich einen seiner ORTE erkunden, Montpellier, damit ein defizitgefühl gegenüber einem wichtigen ORTserleben seinerseits ich nicht mehr zu empfinden brauche; irgendwie, trotz heftigen inneren widerstandes, lasse im augenblick ich den gedanken zu, das einer intensiven beziehung zu mir er vielleicht sich nicht gewachsen fühlt.
Und hurenmässig möchte meine sexuellen phantasien ich mit ihm keinesfalls praktizieren, nur in einer beziehungsgewissen sicherheit kann ich mir vorstellen, dass ich mich ergebe.
Was davon aber versteht dieser mann schon? Die frage erweist sich als eine, die fran mit WESTLERN überhaupt hat, schon im Mai, dieser satt-unreflektierte westdeutsche STUDIOSUSreisende, unfähig zum substantiellen gespräch, und letzthin diejenigen im sprachkurs in Nice, deren so abschreckende oberflächlichkeit gegenüber den weltverhältnissen, westdeutsche speckmadenexistenzen; DEGOUT vor deren "betroffenheit", wie die die temporären WTC-geschehnisse in NY als SCHRECKLICH benennen, ohne jegliche geneigtheit, wenigstens über eine der ursachen des konflikts zu reden: Israel, das Palästina okkupiert; und weiterhin die rolle der USA als weltgendarm.

Dieser gleichgültigkeit gegenüber, allüberall zur zeit; ich fühle mich so erschöpft, auch hier; auch gegenüber Bof! Ekel, nur.

Donnerstag, 20.September 2001

9:30: Krise, nachts schon war der himmel bewölkt und es war gelinde, jetzt morgens alles grau, mein zimmer düster und kalt; ich wärme mich unter drei schichten textilien, trage socken, habe zwei schals umgelegt; schreibe am tischchen vor dem fenster, an dem abends ich nicht schreiben kann, da dort keine lampe vorhanden, die gibt es nur am kopfende des bettes; also lege ich mich meistens schon um 9 uhr hin und lese lange; Nossack: unendliche reflektionen übers schriftstellerLEBEN, es leben wollen und auch wieder nicht, das alleinseinwollen und nichtalleinseinkönnen etcetc., und dann seine ansichten von/über frauen; alles so ermüdend, das nach einer stunde lektüre ich schon einschlafe, um dafür dann deprimiert um 1:30 aufzuwachen, und nicht mehr weiterschlafen können, aber auch nicht aufstehen können wegen der kälte im zimmer; versuche mit musik vom CD-player mich zu trösten, Aaron Copland, was aber noch aufregender wirkte, und ich klitoridal nur mich mit der "mädchengeschichte" be"ruhig"en konnte, danach bis 8:30 TIEF geschlafen.

Lauwarmes frühstück: das wasser aus der thermoskanne von gestern nachmittag ist abgekühlt, das alles jetzt nur lauwarm sein kann: der tee, der pulverkaffee; und ein croissant von vorgestern. Was mache ich hier bloss? Jeden morgen, zu jeder stunde eigentlich schmetterlinge im bauch, verursacht von vehicule, an das ich mich gefesselt fühle, das dringend ich zwar brauche, das andererseits mir aber diese angst macht, immer wieder.

Heute also Montpellier, zu diesem orte, der für mich ein Bof-ort ist, aber auch ein textverbunder: mit Pozzi (und Valéry).

Auch gestern kein anruf von Bof.

Immer wieder, aufdringlich rotierend, dieselbe frage, ob ich fehlgehe in der annahme, das -auf ihn bezogen- Baudelaire, Proust, Valéry, die alle Bof kennt, doch ganz ergebnislos geschrieben haben über die CONDITION HUMAINE; weil er liest, bloss um ERkenntnisse zu gewinnen, um zeit einigermassen sinnvoll zu füllen, zur, wenn auch höherstufig, blossen unterhaltung; und was immer er also liest, wenn danach er derselbe bleibt, der auch vorher er schon war.

Und ich in meinem begehren bin bemitleidenswerte närrin, gedanklich auf ein phantom gerichtet, die einem monster schreibGESCHENKE macht wegen einer SCHÖNEN erinnerung, von der sie nicht lassen will; lächerlich, selbstverständlich, zur vernichtung.

17:30 Meine vehicule-vorahnung von heute morgen, als dem GOLF mit bauchgrimmen ich mich näherte, ja, er zeigte links vorn einen schönen plattfuss, obwohl den reifendruck ich am Montag in der werkstatt hatte richten lassen. Rosa und eine freundin halfen mir: mit fahrradpumpe soweit luft in den reifen tretend, so das langsam ich nach Montagnac noch fahren konnte, hin zur werkstatt, wo korrekter reifendruck wiederhergestellt und das versprechen gegeben wurde, am nachmittag alles zu richten, was dann auch so erfolgte; das loch, von einem dicken nagel in den reifen gefressen wurde vulkanisiert, 60ff; im gefühl des noch einmal glimpflich davongekommenseins bin ich also von der werkstatt weggefahren; die dritte voiture-herausforderung in La France, welche eine für alle mal nun auch ausreichen sollte, nicht wahr. Also dann erst morgen: Montpellier.

Nossacks tagebuchbesessenheit teile ich nicht, ich schreibe essais, das sind texte mit anfang und ende; denkerzählungen einer bestimmten zeit, eines bestimmten zustandes.

Heute morgen, hatte ich zu nichts LUST, vielleicht wegen meiner GOLFvorahnung, die es ja gar nicht geben kann, eigentlich; habe nur gesicht und hals gewaschen, hatte nicht die geringste absicht, in Montpellier SAUBER einzureisen; und mein vegetatives system: schon beim anblick des PLATTEN verselbstständigte etwas sich in mir, wurde einer rationalen kontrolle ich irgendwie beraubt, schweiss brach aus, überall, von unter den armen her begann es plötzlich mächtig zu stinken, wie nach einer heftigen orgiastischen anstrengung; aber: dieser geruch wurde nun Rosa und ihrer freundin einfach zugemutet, unwillkürlich. Von den in der Bergerie anwesenden jungen männern hatte/hätte niemand zur hilfeleistung sich angeboten und brauchte also auch keinerlei GESCHLECHTSgeruch wahrnehmen; und also, bevor zur werkstatt ich mich aufmachte, wusch doch noch ich mich an den UNWILLKÜRLICHEN stellen.

Und morgen früh werde ich duschen, haare waschen und sie fönen, und werde also Montpellier SAUBER besichtigen; und wenn dort ich Bof begegnete, der, seit ich ihn kenne, um diese zeit herum dort ja auch immer urlaub macht?

Hier in der Bergerie möchte ich nicht leben, ganz und gar nicht, ich bin zu sehr individualistin, wie ich es schmerzlich wahrnehme, wenn einer gruppe ich ausgesetzt bin; alleine aber will ich auch nicht sein, will nicht alleine reisen, hatte mir Bof gewählt, hatte gleichgesinntheit vorausgesetzt; und weil das kein VERHÄLTNIS werden wird, werde also weiterhin sicherlich ich nicht reisen; denn alleine habe ich ja immer auch alle meine probleme bei/mit mir; warum von meinem orte weggehen, wenn an jedem anderen orte ich dasselbe erlebe; und an einem orte des südens alleine geht es schon gar nicht, weil hier mich immer dieser zustand der ERregung erfasste, den im Berliner klima ich nur abgemildert erleide, also werde wohl da ich bleiben müssen.
Das letzte glas aus der dritten flasche des guten landweins, den seit Samstag ich schon trinke, ist eingegossen, mon dieu, wie die zeit vergeht.
Erinnerung an das Hôtel Lacoste in Pézenas, mir erscheint die "Mädchen"geschichte, die Benedettas geschichte ist, die aufgeschrieben werden wird in Auziale, in den Monts de l'Espinouse, wohin schon übermorgen ich aufbreche.

Freitag, 21.September 2001

Gestern in vorfreude: dusch- und haarwäscheprogramm, weil Montpellier mich nicht liederlich sehen soll, nicht in dieser touristenerkennungsbekleidung; also: frische unterwäsche bereitgelegt, die schwarze satinhose, den langen schwarzen baumwollpulli, den schlangenmusterblazer, schwarze sandaletten blankgeputzt. Dann, gegen 20:30, im ÜBERMUT der vorfreude Bof angerufen, zwecks vergewisserung, ob er zuhause ist oder vielleicht auch unterwegs hier in der gegend, das ich ihn vielleicht treffen könnte morgen, in Montpellier!
Er war zuhause, nein, nicht wie alle vorigen herbste, seit ich ihn kenne, sei es diesen herbst, diesen, sagt er, führe er nicht in den süden, und er bedanke sich für meine karten, und, mit erhobener stimme, sagt er, das es reiche, was an karten ich ihm geschrieben habe, das es genug sei, er sei eben kein freund von karten. "Wovon denn bist du ein freund", ich, räuspergeräusch im telefon, "von menschen", er; geplättet also lege ich auf, meine kartengeschenke also unerwünscht, mein herz flattert, ich fühle mich des lesen von auch nur irgendwas unfähig, lege Mahler no.4 auf, kann aber gerade so drei sätze ertragen; tigere im kalten zimmer umher; draussen bedeckter himmel, kein stern, keine

zikade. Gegen mitternacht ins bett und der phantasie den zwang zur "Mädchen"geschichte auferlegt; danach dann in Morpheus armen TIEFES vergessen.
Gegen 8:30 unter grauem himmel der Garrigue aufgewacht, ausgeglichener gefühlshaushalt, was sehr verwunderlich ist, ratio aber sagt NÜCHTERN, was wahr ist, das an einen, der mich zu achten nicht in der lage ist, ich gefühle VERSCHWENDE; jede UNSERER begegnungen, obwohl immer vorher ich ganz und gar affirmativ gestimmt war, lange voller vorfreude lebte, endete KALT. Schluss machen. Keine hoffnung hegen.
Gegen 10 uhr, wie geplant, nach Montpellier, über Gignac, die neue schnellstrasse inmitten hochaufragendem gebirge zu beiden seiten genommen, eine einschüchternde naturgewalt, und französische (routine)fahrer wie wahnsinnig auf den gebirgsschneisen.
Abfahrt Celleneuve, aber Les Arcaux nicht gefunden, und also weiter gefahren, wie das strassensystem es gebot, dann irgendwo abgebogen und einen parkplatz (10ff gebühren) ausgemacht; zwanzig minuten zum centreville gelaufen, es emotionslos betrachtet, rundherum ortskenntnis erworben; in der créperie auf dem Place de la Comédie eine galette Fruits de Mer gegessen, ein viertel Cidre getrunken und dabei, wie in Nice beschlossen, an Inka gedacht, danach un café, alles zusammen 68ff. Zurück über Mèze zur Bergerie, sachen gepackt und im Golf verstaut.
Morgen also Auziale, wo in La France eine weitere woche lang ich in einem steinhaus einsam wohnen werde; kleine spaziergänge, arbeit an meinen texten.
Vergewisserung: das, was ich schreibe, sind essais, auch dieser hier, in dem es um Bof geht, ist einer, dem ein essaititel à la Montaigne zugeteilt werden wird: über grenzen/über gefühle, oder so.
Von Montpellier nicht eine einzige ansichtskarte gekauft, nichts von da werde also erinnernd ich besitzen; melancholisch denke ich an gefühlsstarke menschen, die als verlässlich sich mir gegenüber erwiesen haben.

Samstag, 22.September 2001 - Auziale

Um halb elf Abfahrt von der Bergerie und gegen 15:30 in Auziale angekommen, in den Monts de l'Espinouse. Das natursteinhaus ganz oben, das alle dort häuser überragt; und da hinauf bin ich gefahren, innerlich ganz zittrig, vor der letzten serpentine habe ich

erstmal halt gemacht und zu fuss erkundet, ob mit dem Golf ich nicht rückwärts abstürzen werde, wenn diese steigung ich ihm zumute.
Aber alles ging glatt, der Golf kann viel mehr, als ich kleinmütig ihm zutraue, habe auf dem vorgesehenen platz eingeparkt und ihn dann in ruhe gelassen.
Das haus soll vier personen platz bieten, mir jedoch scheint es geeignet gerade nur für zwei, eine unten, eine oben; es gibt strom, und also warmwasser; in der miniküche befinden sich elektroherd und kühlschrank, und, von dort aus, bloss durch eine tür getrennt, die duschzelle mit wasserspülungsklo an der seite.
Grosser (roter) tisch, um den stühle gruppiert sind, dominiert den aufenthaltsraum mit kamin,; meine lern-schreib-sachen lagere ich sogleich dort, stelle den radiator neben mich, damit es mir endlich angenehm wird in diesem nebelumhüllten haus; den ganzen tag schon hat es geregnet, von der Bergerie bis hierher, in Clermont/L'Herault wie ebenso in Bédarieux nur regen.
Clermont war voller menschen und autos, market time, parkplatz gesucht und an irgendeiner ecke einen gefunden, dann zur eglise und auf den markt, aber alles zu unwirtlich, deshalb gleich weitergefahren nach Bédarieux; aber auch dort gegen 12:30 schon tote hose, gerade noch so ein brot und eine flasche Rosé kaufen können; und serpentinenmässig weiter dann unter tiefhängenden wolken, die die sicht behindern, weiterweiter in richtung Olargues, teuer getankt, der benzinpreis in La France!!, abfahrt Le Cros gesucht und gefunden, und mich dann doch noch verfahren, eine steigung nach links genommen, als die rechte die richtige war, ziemlich zermürbt eine madame um hilfe ersucht, gewendet auf minimalplatz und dann hinauf und hinauf gefahren, in die nebligen Monts de l'Espinouse.
Ein HUNGERüberfall plötzlich; Spaghetti gekocht und käse drauf gestreut und französische Sauce Bolognese, was köstlich schmeckte, und die weinflasche von gestern geleert: 2000 Cépage Cabernet - vin de pays d'Oc. Spöttisch an Bof gedacht, wie unerheblich sich erweist, was ein KILLJOY von postkarten hält.

Sonntag, 23.September 2001

16:30. Le Monts de l'Espinouse, gestern abend und des nachts immer heftiger werdender regen, feucht-kaltes gefühl, schon um 21 uhr ins bett, noch eine halbe stunde gelesen

(Nossack), dann (dadurch) hemmung der grosshirnrinde und bis sechs uhr geschlafen; als erstes im wohnraum den radiator angestellt, was ein teures vergnügen, denn ich soll zuzüglich zur miete, die über 80 DM pro tag beträgt, auch noch den strom bezahlen, eine einheit zu 1,50 ff, also 50 pfennige pro einheit, was widerstand in mir hervorruft; aber nun habe ich dies haus für eine woche gemietet, und wenn es weiterhin feucht und kalt sein sollte, na dann!

Unlustig zu allem, eine französischlektion nur wiederholt, für weitere zu deprimiert und erschöpft, irgendwie schwach, obwohl ich doch neun stunden geschlafen habe; tee hilft nicht, kaffee auch nicht; im gegenteil, kaffee scheint den labilen zustand noch zu verschlimmern; starke schmerzen im nackenbereich, jede kopfdrehung nach links ein aufkreischen von muskeln und wirbeln; und meine augen: überanstrengt von der konzentration auf richtungsschilder, ständig der kreisverkehr, und das achtgeben darauf, die richtige kurve zu kriegen, sonst gefahr des umherirrens dort, wo du nicht bescheid weisst, wie vorgestern bei der rückfahrt von Montpellier, wo ich die ausfahrt Sète/Béziers verpasste, und von der N-route abfuhr, wie mir schien, ins blaue, dann doch noch auf eine circulation gekommen und dort zweimal rundum gefahren und die ausfahrt zur N-route wiedergefunden und richtig eingeordnet.

Und gestern, wie lange es brauchte, bis die richtung Bédarieux bei der ausfahrt aus Clermont ich fand.

Jedenfalls, zum autofahren brauche ich eine fern(seh)brille, was bislang ich ja nicht wahrhaben wollte, weshalb ich die brillenverschreibung der augenärztin verfallen liess.

Jetzt, gegen 17 uhr, sitze ich unter dem schmalen vordach des steinhauses, sonne! Sie wärmt meine beine, den kopf lasse ich im schatten wegen sonnenbrandgefahr auf stirn und nase; vor mir Haute Languedoc, auf einem gipfel sitzend, umgeben von anderen gipfeln, tief im tal sehe ich ein paar häuser, zusammengedrängt in drei/vier kleinen dörfern; hier sind berge nicht in der ferne, nicht weit weg wie im Lubéron, hier sitze ich mittenmang.

Erinnerung an die (westdeutschen)gäste auf La Plaine und in der Bergerie: wie selbstverständlich, wie wahrscheinlich auch für Bof, das reisen für die sich darstellt, eine gewöhnliche gewohnheit bloss; und mir: alles ungewohnt, neu, aufreibend, erregend, ein

abenteuer: es erleben und davon berichten; und auch, in meinem innern hat ein Bof sich breit gemacht, der (übersättigt) alles bloss noch BOF findet.
Mit der wetterbesserung hin zu wärmender sonne und den himmel entlang ziehenden wolkenhaufen, habe ich einen kleinen auftrieb bezüglich gymnastik erhalten, und habe einen kleinen spaziergang bergauf gemacht, leichtes schwindelgefühl und unwohlsein; mittagessen, wie gestern, und ein glas Rosé getrunken und schön müde geworden; nach einer halben stunde tiefen schlafes plötzlich ein gutes gefühl; zu einem café Vienniese fünf frische feigen gegessen vom baum vor der küche; eine davon besonders reif, wollüstigweich, getrennt in grüne schale und weisse innenhaut, und darin die besondersfarbige füllung: rötlich-violett, feucht, ein traum.
Diese meine reise, die Bof im jungen erwachsenenalter schon hinter sich gebracht hat; dieser essai übers altern.
17:30: Die beine noch immer in der wärmenden sonne schreibe ich, trinke Rosé, hoffe, das die verwalterin, die gegenüber wohnt, sich nicht blicken lässt; schon der gedanke, das sie auftauchen könnte, macht mich missmutig: wenn ich menschen nicht ausweichen kann, hier, wo alles offen ist, gibt es keine rückzugsmöglichkeit zur vortäuschung einer abwesenheit!
Die struktur der begrünten bergkämme im schattenspiel des abendsonnenlichtes sind jetzt besonders deutlich. Wilde katzen um mich her. Zehn fahrzeuge sind inzwischen dicht am steinhaus vorbei die bergstrasse hinaufgefahren, eine arbeiterkolonne an irgendeinem werke, um die stille zu (zer)stören?, so wie gerade ein nachbar von gegenunter, der LÄRMEND sein auto staubsaugt.
Gestern, im gefühl eines grossartigen gelingens bin ich hierher nach OBEN gefahren, habe den Golf im griff gehabt, zugegeben ängstlich, aber dennoch!, hatte ich den impetus, auf Bofs gemeinheit dahingehend zu erwidern, ob er nicht wüsste, das er mit mir eben keine beziehung wie zu Lieschen M. habe;
und habe dann noch überlegungen angestellt zu charaktereigenschaften, die er selbstbildlich mir einst bekannte, HOCHSENSIBEL, MELANCHOLISCH; und habe mich der (schmerzhaften) erkenntnis nähern müssen, das alles das nicht stimmen kann, weil er ständig mich schnöselig, roh, latent cholerisch behandelt; und die sogenannte melancholie ist beim choleriker ja ausdruck des selbstmitleids nach beleidigendem,

aggressiven aufbrausen/aufschäumen eineR vermeintlichen feindIn gegenüber. Dann aber auch die gewissheit der nutzlosigkeit des aufzählens psychischer defizite, wenn längst an diesem manne schon alles ent-deckt ist: ein KILLJOY, der weiterhin nur so benannt werden sollte, wenn es sich überhaupt als nötig noch erweist, ihn zu erwähnen, nicht wahr.

Guter Rosé aus Bédarieux.

Morgen nach Olargues, um mich bis zum wochenende mit lebensmitteln und gemüse/obst und wein einzudecken. Die fahrt hinunter und wieder hinauf nach hier!; hoffentlich am Montag ein geschäft OUVERT.

Montag, 24.September 2001

Gestern abend dumpfes gewittergrollen von ferne und über der bergkette aufzug dicker wolken, weiss bis violett, nachts regen und sehr kühl, wie ebenso heute morgen, es geht wind, es zieht, auch hier wird es nun herbst; die saison ist vorbei, was ja bezüglich stromkosten für den radiator zu einem preisnachlass führen müsste.

Ich schreibe auf dem fensterbrettchen des kleinen einzigen fensters in wohnraum, durch das die sonne scheint, wo nase und stirn aber vor deren strahlen geschützt sind; vor mir "ufernde" zweige des feigenbaumes mit erntereifen früchten; vor der haustür warten vier katzenauf futter.

Gegen zehn heute morgen die vier kilometer auf serpentinenstrasse, die streckenweise auf beiden seiten nicht befestigt ist, hinuntergefahren nach Olargues, das einen verlassenen eindruck macht; l'épicerie zunächst nicht gefunden, deshalb in der boucherie drei flaschen St.Chinian zu je 30ff gekauft, davon zwei Rosé, und noch drei eier, und natürlich darüber der scherz des schnellsprechfleischers: pro person ein ei und eine flasche wein, haha.

Für denselben preis hätte ich in l'épicerie sechs flaschen haben können, aber was soll's, gutes essen, guter wein, schon der Rosé aus Bedarieux zu 30ff war super. Also alles OK, bis Samstag ist vorgesorgt, lebensmittel, gemüse und obst; und die angststrecke brauche ich dann einmal nur noch zu bewältigen, nämlich hinunter. Aus St.Jean de Buèges telefonische mitteilung, das der sprachkurs ab nächste woche stattfinden wird.

Gestern abend ein besonderes vergnügen, Viktoria Mullova, solo violin: Bach, Bartok, Paganini. Und dann im "gruftzimmer"bett Nossack gelesen.

Interessant eine beobachtung, die ich auch selbst gemacht habe hinsichtlich Killjoy, der kein vater ist, nie ehelich gelebt hat, auch nie mit kindern zusammen, der so vieles also nicht weiss, und der, obwohl schon 58, sich seines jugendlichen aussehens mir gegenüber selbst rühmte. Nossack (29.9.1960): Bei Männern, "die ohne Mitte geboren oder früh aus ihr herausgefallen sind, wird man die Feststellung machen, dass sie gewissermassen alterslos bleiben bzw. nicht nach dem gewohnten Schema Mann-Vater-Grossvater altern. Ihre Probleme sind mit sechzig die gleichen wie mit zwanzig, die Probleme sind bei ihnen nicht durch Resignation oder Gewohnheit neutralisiert. Aber diese alterlosen menschen werden natürlich auch niemals weise." C'est ça!

Jetzt, hier hoch oben, eine wärmende sonne, hell, ein erstes glas Rosé, lieblich.

Nossack: Vieles, das als schreiber er an/für sich beobachtet, ist gültig für alle schreibenden, sowohl für männer als auch für frauen, weil aus immerwährenden gesellschaftlichen konflikten gewonnen, und tatsächlich, eigentlich brauchte es nicht noch einmal geschrieben zu werden, weil N. ("Man sollte immer nur so schreiben, das es ... nicht noch einmal geschrieben zu werden braucht", 1943) es schon gültig formuliert hat; aber leider nur vom standpunkt eines schreibenden mannes mit einem ÄTZEND dichotomen menschenbild: Mann=Geist, Frau=Natur.

Dienstag, 25.September 2001

Heute morgen bewölkter himmel mit längeren sonnendurchblicken, es ist milde; also auf der terrasse frühstück, umgeben von sechs hungrigen katzen, die mit aufgeweichtem alten baguette ich füttere; gymnastik gegen die halswirbelverspannungen, kleine wäsche; danach spaziergang zu einem bergmassiv gegenüber, von dem aus ich den berg, auf dem ich residiere, in gänze betrachten kann, jedoch, alle sehen gleich aus, telefon- und strommasten stehen als unzugehöriges menschenwerk in der landschaft, hässlich lange leitungen, ja auch vor meinem fenster, an dem ich jetzt schon wieder sitze und schreibe, bei verschlossener eingangstür, le vent; zum glück elektrisches licht und (radiator)wärme.

Gestern das alte Olargues, steinreste museumsartig gepflegt, und doch die alten zeiten unsichtbar, jene beschwerlichkeit des lebens hier, die anstrengungen der menschen, ihre armut; allein Auziale bedenkend, was schon die nahrungsmittelversorgung für da oben wohl bedeutete, und lieber nicht daran denken, wie und mit wievielen menschen zusammen GEHAUST wurde in diesem steinhaus, das jetzt ich alleine bewohne; rücksichtsLUSTige männer, die ausgemergelte frauenkörper zu unendlichen schwangerschaften verurteilten; hunger, den alle erlitten.
Der wohnsubstanzverfall in La France, Beaune, wo er mir zuerst ins auge stach, Béziers, Clermont/L'Herault, Montpellier zwischen Place de la Comédie und la gare, Nice.
Mein vergleich mit alten städten und dörfern Böhmens&Mährens, der DDR, Polens fällt nicht zuungunsten letzterer aus, und ausserdem waren die menschen da nicht ARM, denn es gab einen egalitären anspruch auf bildung, kultur, wissenschaft.
In der DDR wurden ehemalige deutsche land/randgebiete industrialisiert und den bewohnern war damit ein relativer wohlstand gewiss, welchselbes die PFAFFENrevolutionäre von 1989 leichtfertig alles einer KAPITALISTISCHEN zerstörung (des sich an der börse rechnens) anheim gaben.
Die ARMEN in La France sind auffällig schicksalsergeben: das kein geld da ist, keine arbeit; eine andere wirtschaftsweise als die kapitalistische kennen sie ja nicht, sie individualisieren ERGEBEN als eigene SCHULD, was ihnen durch das KAPITAL aufgezwungen ist.
Darüber auch mitteilung an Regina und Ingrid, etwas zu Nossacks fragwürdigem menschenbild an den König, an F. etwas über die ambivalenz meines hierseins; das jeweilige auf derselben ansichtskarte von auf L'Herault-blicken: Montpellier, Béziers, Sète, Pézenas.
Nossack (S.307): "Frauen eignen sich nicht für Kunst, nur zum Kunstgenuss und vor allem zum Geschwätz über Kunst. Im Grunde verachten sie die Kunst ...", ja, genau, das werk von männern mit diesem defizitären menschenbild nämlich wie er es PERFORMIERT (telling and doing gender), weshalb aller wahrscheinlichkeit nach von ihm nichts bleiben wird, das zu tradieren sich lohnte, ausser vielleicht seinem tagebuch, zum einen wegen seiner ausgesprochenen misogynie, zum anderen, weil er schwierigkeiten schreibender menschen in der gesellschaft sehr genau benennt,

welchselbe für frauen sich ja noch schlimmer erweisen, auch wenn diese einsicht seinen maskulinistischen horizont nie erreichte.

Zum widerlichen kulturlosen kulturWARENbetrieb, wo verleger und lektoren nicht (mehr) die fähigkeit besitzen, überhaupt literatur (wie misogyn auch immer) zu erkennen:

S.463: "Am Nachmittag sprachen Unseld, Boehlich, ... mit mir über den 'Sonderfall'. Da zeigte sich nun, das diese drei das Stück nicht nur nicht verstanden hatten, sondern auch gar nicht in der Lage dazu schienen. ... Ich meine sogar, das eher die anderen en wenig zu routiniert, gewohnheitsmässig und darum zu oberflächlich und ungenau denken."

Und seine einsicht, das nur jene autoren von bedeutung bleiben werden, die über literarische konstruktionen hinaus authentisches (persönlich erlebtes: im tagebuch zum beispiel) mitteilen: "Literatur, die nicht aus dem Leben, sondern aus Literatur entstanden ist, hat immer sofortigen Publikumserfolg. ... Die Übersetzung einer Übersetzung ist das, was jedermann versteht." (S.544).

S.637: "das auch der Erfolg nichts über das Kunstwerk aussagt. Dafür gibt es überhaupt keinen sicheren Massstab ... ."

S. 721: "Sartre: seine Erklärung zur Ablehnung des Nobel-Preises klingt integer. ... Es ist auch eine sehr mutige, grundsätzlicha absage an solche Institutionen, die sich gebärden, als ehrten sie die Literatur, obwohl sie sich nur selber ehren und obwohl sie nicht das Geringste mit dem zu tun haben, weshalb ein Literat sich der Literatur verschreibt."

S. 899: "... negative Bescheide wegen des "November"-Drehbuchs, sowohl von der staatlichen Stelle als auch von der Produktions-Firma. Wenn es sich noch um sachliche oder künstlerischen Urteile handelte ... . Vorfabrizierte Meinungen von automatisierten Gehirnen wiederholt ... ."

S. 967: "Bücher, die veralten können, müssen schon zur Zeit ihres Entstehens und ersten Erscheinens veraltet im Sinne von konventionell oder epigonal gewesen sein; vielleicht ist das sogar der Grund ihres derzeitigen Publikumserfolges gewesen."

Ganz genau, aber zum glück wird auch der verfasser selbst davon nicht ausgenommen.

Ich suche Entspannung bei Gerda Marko, Schreibende Paare, sie zitiert (S.228) Paul Bowles: "Wir [Paul und Jane Bowles] waren intellektuell sehr verbunden: das ist die beste gemeinsamkeit, die höchstmögliche form der Vereinigung." Ja. Killjoy-ass. Shit.

Mittwoch, 26.September 2001

Heute morgen sanfter wind, es durchziehen lange wolkenbänder strahlenden Azur, ab halb zehn ist es draussen endlich so warm, das ich die kalte bude verlassen kann; wo der radiator nicht angestellt ist, weil ich mich an die kälte anpassen will, das geht jedoch nur mit zwei unterteilen am körper und vier oberteilen und einen dicken schal um den hals gewickelt; will ich so leben, den naturkapriolen ausgeliefert, fast ohne kommunikation, weder lese ich seit wochen zeitung noch sehe ich fern, meine handykommunikation ist auch eingeschränkt, weil ich alle geldkarten zum aufladen bis auf eine aufgebraucht habe. Und einen interessanten menschen, mit dem ich längere zeit einsam so leben wollte, kenne ich nicht, nur keine illusionen, e!.

Gar nicht so langsam nähert sich das ziel der reise, ich sehe eigenen auges, was, aus erlebnisdefiziten, als sehnsucht in mir wucherte, nun aber weiss ich und kann frei entscheiden, ohne gefühlsduselei und kann das erworbene schätzen: meine wohnung, die gross-stadt; mein buchproduktions- und weltzugangsinstrument, grâce à FJE.

12:30 La Poste ist da, die meine vier karten befördert. Ich habe einen Roten aus der gegend, Tradition Roquebrun, geöffnet, sehr duftend, trocken, trinke über mittag wein wie zuhause bier, und brauche abends keinen stoff mehr, was mir gut bekommt, schlafe gut und lange, kaum eine nächtliche störung, was wiederum ein vorteil ist gegenüber dem gross stadtlärm rund um die uhr rund um mein wohnhaus. Es schlägt die kirchturmglocke unten im dorf die stunde zweimal, und zwar im abstand von ein paar minuten, so auch die halbe stunde, und beides immer vor der genauen zeit.

Nossack, 21.07.1970/23.08.1970: "Die Christen werden immer unverschämter mit ihrem Kirchturmglockenlärm, vielleicht um alle Welt darüber hinwegzutäuschen, daß es mit ihnen zu Ende geht./ Trotz des unverschämten Lärms, den die Christen machten. Man kann nur jedem raten, nicht in eine Gegend zu ziehen, wo eine Kirche in der Nähe ist, dann versteht er sein eigenes Wort nicht mehr."

Nossacks auseinandersetzung mit gott und christentum, welch letzteres ihm greuel ist, die evangelien sieht er als erzählungen mittelmässiger autoren, die das "grosse" anliegen heruntergebracht haben, verfälscht, verkitscht.

"Nehmen wir an, es gäbe einen wirklichen Atheisten, dann wird er so sehr Atheist sein, das Religion und Kirche für ihn gar nicht existieren und der Erwähnung wert sind, vielleicht so sehr, das er kirchliche Bräuche mitmacht, so wie man ja auch die Kleidung trägt, die die Mode verlangt, weil es einem überflüssig erscheint, durch andere Kleidung polemisch aufzufallen." (S. 343), ja, das ist so gültig ERkannt, das es nicht noch einmal geschrieben werden muss.

Mein selbstwert"trieb" war immer ganz abwehr gegen klerikal-ideologische verschmutzung der "seele", anfangs instinktiv, dann aber immer klarer wegen des "gepredigten" frauenbildes, das meiner NATUR nun ganz und gar nicht entsprechen wollte, stets habe ich mich einer gesellschaftlichen indoktrination, das verstand ein geschlecht haben solle, widersetzt. Und habe nie interesse an verführung gehabt, weil männer ich für zu klug hielt, als das sie dies nicht als verstellung durchschauten; erotik in augenhöhe, auge in auge, ganz gewiss noch viel besser als so: "Frauen, denen ich verfallen könnte, müssen ... Feindinnen des Menschengeschlechts [des Geschlechts oder der Menschen? e.] sein. Solche, mit denen man Pferde stehlen kann, ... und die das Körperliche unsentimental, zornig und wie eine wilde Notwendigkeit, nicht aber als Hauptsache ausüben. Jedoch, die sind selten.", schrieb Nossack im Alter von 54 Jahren, .S.239. De facto aber hat er nichts gewagt und blieb lieber auf seinen vorurteilen sitzen. Diese un-einsicht in die gesellschaftlich-funktionale konstruiertheit der GESCHLECHTERrollen beschädigt NATÜRLICH die von ihm so sehr erstrebte zeitlosigkeit seines "werkes".

S. 849, im alter von 68 jahren: "Der Vorteil, eine Frau erzählen zu lassen: z.B. wenn sie die Ideen des Mannes, mit dem sie zu tun hat, mit der finalen Logik der Frau schildert. Die Ideen, die an sich kausal-abstrakt sein möchten, werden damit auf ihre realistische Wirkung hin dargestellt. Selbst wenn die Frau sich über die Idee lächerlich macht, gewinnen die Ideen, weil jeder Leser merkt, das sie von einem falschen Gesichtspunkt und erotisch kritisiert werden."

S. 506, 61 Jahre alt: "Selbst die gebildetste Frau braucht ihre Bildung doch nur als Materialien für ihre Wirkung als Frau. Wenn sie Verständnis und Interesse zeigt, ist dies immer ein Geschlechtsakt."

S.538: "Wenn ich Gedicht von der Kolmar, der Sachs oder der Lavant lese oder auch nur an diese grossartigen Frauen denke, sage ich mir, das sie das ja alles viel besser gemacht haben und es nicht nötig ist, nun auch noch dichten zu wollen. ... Die einzigartige

Echtheit dieser drei grossen Heidinnen ... kann nur als Kriterium für Mache und routinemässige Geschicklichkeit à la Bachmann und Konsorten dienen."
S. 548: "Um noch einmal auf die drei Dichterinnen zu kommen, Kolmar, Sachs und Lavant: Sie dichten so, wie nur eine Frau dichten kann, das ist das Grosse und Echte. ... Während ein Zwitter wie die Bachmann mit den Männern in Konkurrenz zu treten sucht, und das macht ihre Gedichte so unglaubhaft."
S. 800: "Ich sass zwischen ihr [Frau S., Juristin] und der Bachmann, und da es mich Überwindung kostete, diese auch nur anzusehen, unterhielt ich mich mit Frau S."
Ironie des MÄNNERVEREINS "literatur/geisteswissenschaft": Während also Nossack heute schon fast vergessen ist, werden die texte der Bachmann immer bedeutender. "Literatur": ein Diskurs alter männer, die ihr geschlecht gegen die "UNGEISTIGE FRAU" (Nossack) privilegieren.
S. 535/536: "Nichts verfälscht das Geistige mehr als Rücksicht auf das Weibliche. Nichts ist würdeloser für einen Gedanken, als wenn eine Frau vorgibt, ihn zu verstehen. ... auch die Forcierung des Geistigen aus einer notwendigen Abwehr gegen das Weibliche ist bereits Verfälschung durch das Weibliche."
S.535: "Ich möchte sagen, es besteht für den Mann geradezu eine Verpflichtung, der Frau sein geistiges Leben zu verheimlichen."
Die kommunikative wirklichkeit, in der ALTE männer GESCHLECHT erzählen; wie oft, wenn ich N. lese, werde ich an killjoy erinnert, der zwar vierzig jahre jünger ist und nicht mehr ganz so deutlich die SAU rauslässt, aber auch er verweigert sich themen, will meine meinung dazu nicht wissen; einen mangel an spiritualität, was immer das sein soll, vermisst er an/in mir, mein buch liest er nicht. Und ich: bekloppt!!

Donnerstag, 27.September 2001

Seit dem frühen morgen blendendes wetter, sonne pur, konnte auf der terrasse frühstücken, und wurde, wie immer, wenn ich draussen esse, scharf von acht katzenaugen gierig beobachtet, und wenn ich ihnen etwas hinwerfe, altes brot in wasser aufgeweicht, dann stürzen die vier sich aufeinander, geraten in pfotenstreit, und wenn erst ich käsekrümel verteile, dann lecken sie geniesserisch am orte des krümels noch herum, wenn längst alle schon verspeist sind, und erst der spaghettisaucenteller mit den resten vom mittagessen, abgelecktgewaschen lassen sie ihn stehen, und wie nach dem saucengenuss sie sich putzen, noch lange am fell herumlecken, wo, wegen ihrer rempelei, nudelbändchen hingespritzt und kleben geblieben sind, und dann, wie sie träge in der sonne liegen; Les Chats, sphinxe, ausgestreckt am wüstensaum.

Kampffliegergetöse über den Monts de L'Espinouse, das erste glas vin rouge, wie gestern der Rosé auch dieser aus dem Cave de Roquebrun: St.Chinian.

Benedettas geschichte, die, mit unendlichem zeitbonus, ich mir vorgenommen hatte, hier aufzuschreiben, allerdings in der vorstellung eines anderen klimas, jedenfalls wärmer abends und morgens; grosse anstrengung, die sinnlich mich müde macht.

Benedettas Erzählung

Unsere vormittage waren streng geregelt, alle hatten arbeit, der nachgegangen werden musste; mein vater verwaltete den hof, juristisch, finanziell und materiell; meiner mutter oblag die organsisation des tagesablaufs, lebensmittelvorräte, mahlzeiten, personalaufsicht; wir kinder, Max und ich, lesenschreibenrechnen, latein und griechisch, englisch und französisch, die lehrpersonen kamen tageweise ins haus. Am mittagstisch gespräche, kurzberichte meines vaters über den stand der geschäfte für mutter und uns, und vice versa, meine mutter über haushaltsplanungen, wir kinder über erfolge beim lernen, über misserfolge und auch aha-erlebnisse, die manch eine lehrperson uns tatsächlich zu verschaffen in der lage gewesen war. Die nachmittage blieben zur freien verfügung eines jeden, bis zum abendessen jedenfalls; mein vater schrieb dann an der ortschronik, recherchierte, sprach mit zeitzeugen; meine mutter fertigte porträts, malte, empfing ihre modelle, das waren personen unseres gesellschaftlichen umfeldes, meist jedoch personen, die auf dem hof für uns arbeiteten, und wir, ihre kinder mussten ihr oft sitzen, und auch ihr ehemann.

Max und ich ein wenig tennis, auch reiten und toben, die meiste zeit jedoch beschäftigt mit "schul"arbeiten, textlernen, deklination, konjugation, gleichungen, und lesen, was auf anweisung der eltern streng kontrolliert wurde von den hauslehrern und gouvernanten, denn schliesslich gab es für jeden von uns eine "vorsehung", die gründlicher vorbereitung bedurfte, ich wollte, obwohl anfangs ich es wohl nicht sollte, den spuren meines vaters folgen und jus studieren, und Max, der das eigentlich sollte, aber nicht wollte, und auch nichts künstlerisches im sinne hatte, der hatte seine lebensplanung auf biologie und medizin gerichtet.

Nach dem dîner waren die oberen räumlichkeiten des hauses, das keine verschlossenen türen kannte, fürs personal tabu, nicht jedoch für uns kinder, es war uns nicht nur nicht verboten, unsere eltern tätig zu beobachten, sondern es schien geradezu erwünscht, das wir dies taten, für sie wohl ein wunderbarer, wie man heute sagen würde KICK, wenn wir in ihren intimsten handlungen sie

beobachteten, der vater zugange mit dem hausfräulein, die mutter mit einem ihrer malobjekte, die nachmittags PORTRÄT GESESSEN hatten.
Das hausfräulein, jeweils immer eine frau in den dreissigern, fleischliche körperlichkeit, arme, beine, der weisse volle bauch und die üppigen brüste im zugriff unseres vaters, dessen schwanz wiederum sich in ihrem festen griff befand oder zwischen ihren prallen roten lippen.
In den gemalten porträts unserer mutter war auffällig diese aura der poträtierten, das heisst, bei bestimmten männlichen OBJEKTEN nur, die ich natürlich alle kannte, denn ihnen begegnete ich ja täglich, sie arbeiteten ja für uns oder waren im weiteren sinne für uns beschäftigt. Erst viel später habe ich verstehend sehen gelernt, was meine mutter, besessen malend, zeigen wollte, diese kluge sinnlichkeit in den männern, eine sinnliche klugheit, die ihre libido heruasforderte; Männer mit animalischem sinn für geruch und geschmack des anderen geschlechts, hündisch.
Inszenierungen wurden uns geboten: meine mutter mit der peitsche zugange und in gespreizter pose, wenn hingebungsvoll deren geschlecht geleckt werden musste; und wenn nicht demütig sie behandelt wurde oder nicht animalisch genug, wenn wie ausser sich sie vor wut auf einen ihrer bediener sie einschlug, damit eine erwartete fickpotenz er ihr zeigte.
Während wir sahen, insbesondere MAMA, manchmal aber auch die aktivitäten des vaters, ziemlich langweilig, zwang ich Maxens hände zwischen meine beine, wie ebenso zugleich ich die meinen in seiner mitte positionierte. Unvergessliche gerüche.
Im internat, das unsere eltern für uns ausgewählt hatten, wo wir, zwar in getrennten flügeln unterkamen, aber doch zusammen lernten, ging das dann weiter, Max an mir, mit mir, in mir; und im weiträumigen schulpark, wo, mit Maxens vermittlung und unter seinen voyeursblicken ich meine möse jünglingen darbot,
zum ansehen, zum lecken. Wo als voyeur alsbald auch le directeur sich zeigte; und wie den von meiner fotze ich abhängig machte, für die SÜCHTIG schliesslich er alles bereit war zu geben: mir ein einzelzimmer, mir privatunterricht, mir die verdienten leistungsbewertungen. Und, hatte Benedetta gesat, du glaubst gar nicht, wie animalisch männer auf mösen abfahren, wie fotzen zu lecken sie vermögen, wie sie sie saugen und schlecken, und welche lust mir, als kleinem mädchen, schon dargebracht, wie meine pisse genossen wurde.

Dochdoch. Ich wusste.

Nossack S.613: "Ähnlichkeit des Schreibens mit dem Sexuellen ... ", wie Nossack immer auch sich windet, schreiben ist masturbation, nicht wahr, egal, ob mann betreffend oder frau.

Kalte füsse, habe mich deshalb mit diesem schreibzeug vor die tür gesetzt und lasse geist schweifen, trinke abwechselnd wasser und Roten, emotionslos überkommt mich die gewissheit, das, ja, ein langer abschnitt geht mit dieser reise zu ende, zwei drittel leben sind vorbei, und wie bisher geht es nicht weiter; weiter geht es anders, aber WIE. Schreiben als habe man "unbeschränkt zeit, wie in der Jugend. Also nichts von dem Gehetze, ... dem andere Menschen im Alter unterworfen sind.", S. 564, hier auch mal ein JA zu Nossack.

Freitag, 28.September 2001

18:10. Gestern tagsüber wieder diese sonne und die wärme, am abend dann giftige massen von wolken über den bergen, und seit heute morgen kein sonnenstrahl mehr, es ist windig draussen und feucht-klamm und ungemütlich hier drinnen, also habe ich den stromfresser in betrieb gesetzt. Gymnastik gemacht und siche, verspannungen lösen sich, wenn frau ihre nackenmuskeln stärkt, was frau genau weiss, und doch nicht konsequent befolgt, das unwillige fleisch. Gegen zehn á pied ins tal, nach Olargues; dort geschäfte bis 17 uhr geschlossen, dafür heute L'office de tourisme geöffnet, wo plan de village erworben, dann durchs mittelalterliche dorf, über die geschwungene steinbrücke; alles ohne leben, wie filmkulisse.

Im restaurant Laissac gut gegessen, Menu 69ff: crudité, viande et frites, flan au caramel, dazu un demi pression; und dann zurück, vier km nur bergauf, schritt für schritt, wozu ich eine stunde brauchte, habe also auch hier le paysage durchlaufen, den landstrich, dessen wein ich geniesse. Morgen noch und dann weg von hier. Kartenstudium: hinunter nach Olargues, dann richtung Bédarieux, von dort über Lodève nach Ganges, und dann den weg gen süden nach St.Jean de Buèges, wie lange werde ich brauchen?

Postkarte an Monika H., eine studentin von mir aus Sucha Beskidska, die um literaturhinweise zum frauenbild Heines nachsuchte; jetzt endlich zeitgemässe fragestellungen auch an polnischen unis; welches frauenbild mag M., die einen Iraner geheiratet hat, wohl von sich selbst haben?

Samstag, 29.September 2001

13:45. Die wolken fallen ins tal, nur 50m sicht, es regnet seit mitternacht. Mir ist kalt. Heute morgen die rechnung beglichen; obwohl schon nachsaison: vier tage von achten war das wetter schlecht bis sehr schlecht-, gibt es hier keinen preisnachlass, 750 MARK muss ich zahlen für acht tage in einem dunklen steinhaus mit unergonomischen sitzgelegenheiten, wo ich mir den arsch abfriere. Wenn fran sich die zustände hier oben vorstellt vor fünfzig, dreissig oder sogar noch vor zwanzig jahren, mon dieu!!, welchselber gedanke mir das dritte glas Rosé aufzwingt. Vor der eingangstür lungern les chats, krallen am holztürrahmen sich soweit hoch, bis dass durch die glasscheibe hindurch sie sicht auf mich gewinnen. Wo werden wohl morgen sie bettelnd sich aufhalten?

Mittwoch, 3.Oktober 2001 - Vallée de la Buèges

Den letzten tag in Auziale unter dunklen wolken und im nebel verbracht, selbst schuld, ein tag zuviel, war nur mit vin rouge noch zu ertragen, einen ganzen liter bis 20 uhr, um neun ins bett und bis halb sieben gut geschlafen, draussen noch alles dunkel, scheinbar tiefste nacht, gut gefrühstückt, letzte sachen im Golf verstaut, nochmals kartenstudium mit anderer route: Bédarieux-Clermont/L'Herault-St.André-St.Guilhelm-Causse-St.Jean de Buèges, und um halb neun losgefahren, erleichtert.

In St.Guilhelm angehalten, ins centre ville, kleine besichtigung, viele touristen, um 11:45 wird in der crêperie auf dem marktplatz noch keine galette serviert, erst après-midi, "kein personal!" schreit der garcon, mon dieu, das laisser-faire des südens, es haut dich um; also weiter nach St.Jean.

Serpentinenserpentinenserpentinen, und plötzlich taucht le Roc de Tras Castel auf, wie ein trompe-loeil, ein ende eines gebirgszuges oder ein anfang, und an dessen fusse St.Jean, von nahem ein dörfchen im verfall, wie in "Ostpreussen", wie in den Beskiden, wie in Böhmen und Mähren. Es ist Sonntag und es ist warm geworden; vor der Bar du Chateau viele kleine tische und stühle, besetzt, man geniesst hier den nachmittag bei café, le vin, la bière, und auch ich lasse mich bestrahlen, habe ein angeregtes gespräch mit einem "bildungsurlauber" aus Frankfurt, gönne mir vier demi pression, entspanne mich vom stress der fahrt. Beziehe danach mein zimmer im Le Grimpadou, dachgeschoss, hell, blaue fensterläden.

Abends dîner à la Languedoc, vier gänge, wie sie nun jedentags serviert werden; Susanne, die phantastisch kocht; und der wein der gegend dazu, und zwar nicht von den rebstöcken, die am kalkstein liegen, sondern von gegenüber, einem mischmineralgestein, das die trauben lieblich beeinflusst.

Das gute essen, der gute wein, alles zu ungewohnter stunde, also natürlich (durch)schlafprobleme, und dann die kirchturmglockenschläge, die anders als in Auziale hier aus der mitte des dorfes kommen, also nur ein paar meter entfernt vom hotel schlägt es, schlägt im abstand von ca. drei minuten zweimal, um mitternacht: vierundzwanzig schläge!!, eine unvorstellbare lärmbelästigung; aber sagt mir Connie, es gebe schon dörfer, wo es die bewohner erzwungen haben, dass nur zweimal am tage die zeit angeschlagen wird, um 12 uhr mittags und um 17 uhr.

Heute ist es nicht kalt, die luftfeuchtigkeit aber ist hundertprozent; was nass ist, das alles trocknet nicht, ich halte die fenster geschlossen und lasse glühlampen die nässe verbrennen.

Über mittag zum Roc de Tras Castel, im wahrsten sinne am fusse eines gebirgszuges.

Auch hier, der unterricht bringt mich nicht weiter, ich lerne es nicht, mich korrekt auszudrücken, weder wird der verbgebrauch automatisiert noch das genus der substantive; das wortgewirr in meinem kopf ordnet sich nicht, zumal ich mir in der gruppe nun auch noch das die französische sprache tötende gequatsche der anderen teilnehmer anhören muss; was lernmässig stattfindet, ist ein EDUtainment für WESTdeutsche bildungsurlauber, die eher urlaub machen wollen als "bildung" erwerben, NERVEND!

Samstag, 6.Oktober 2001

Gestern vormittag nach Ganges zum einkaufen fürs wochenende, an dem es kein dîner geben wird. Auf dem belebten markt obst&gemüse&gebäck gekauft, und eine strumfhose gegen die arschkälte, die gegen morgen hier herrscht. Nachmittags unterricht, der mich höchst unzufrieden bleiben lässt, gruppenlernen oder vielleicht auch nur das in dieser gruppe bringt mich nicht weiter; ich lerne zu dem, was vorher schon konnte, nichts wesentliches hinzu, unsichere sprachpraxis, ZUT. Und dazu dann noch eine ewig neugierige fragerei der lehrperson zu persönlichen details: wie alt bist du, wo in berlin wohnst du, bist im osten oder westen du geboren. Ich bin hier die einzige person aus dem osten, und ich habe auch nicht die geringste lust, mir den westdeutschen

"überlegenheits"diskurs aufzwingen zu lassen; alles aus und an ihnen erzählt (verkörpert) eben eben die westdeutsche SIEGERgeschichte als DEUTSCHE geschichte: wie sie lügenhaft schwätzen, das das Westberlin vor dem mauerfall ihnen besser gefallen habe als Berlin jetzt; wo ich denn gelebt hätte, werde ich rhetorisch aggressiv gefragt, wenn ich nicht wüsste, das BIRNE immer Kohl war und nicht Genscher; einem mir gleichaltrigen sehe ich schon an, das er beliebt, nur mit jungen frauen zu sprechen, über welch dummen inhalt auch immer; also meide ich den von vorn herein: westdeutsches DOING GENDER in realiter; martere ich mich denn nicht schon genug mit Nossack?!
Gegen neun heute nach Cap d'Agde aufgebrochen und angstfreier gefahren, da die strecke zum teil ich ja schon kannte und an die strassenverhältnisse angepasst war, den kreisverkehr, der für ortsunkundige wirklich einen vorteil bietet, wenn du drin bist, hast immer du vorfahrt und mehrmals kannst du drinnen herumfahren, bis du deine gewünschte ausfahrt gefunden hast; und vor la circulation brauchst du dich also noch nicht für eine fahrspur zu entscheiden, die in unbekannten gegenden oft gerade die falsche ist.
In Agde regenschauer, aber warm; eine deutsche zeitung gekauft und bei einem café mit widerwillen kurz etwas gelesen über ein altes fernsehgespenst, das mit der wahren feststellung: das die USA selbst ihre jetzigen fanatikerfeinde in Afghanistan aufrüsteten-, deutsche MEDIENwellen hochschäumte.
In Cap d'Agde nieselig-schwül; häuser, angestrichen für südliche sonne, von weitem schon sichtbar, fast alle mit heruntergelassenen jalousien, leerstand!, und der hafen voller yachten, mit segeltuch abgedeckt, verlassen. Unangenehmer eindruck. Auf der strandpromenade, die fast nur eine restaurantmeile darstellt, eine galette Fruit de Mer gegessen, der bestellte cidre doux stellte sich als cidre brut heraus, zwei prozent vol/alc. mehr merkste doch gleich im kopfe, nicht wahr, also nicht ausgetrunken und beanstandet, aber was nützt es, ich kann ja nur primitiv mich verständlich machen, und die französischen schnellsprecher verstehe ich doch überhaupt nicht; solche orte sind eben nichts anderes als betrugsorte, was ich ja weiss. Merde.

Sonntag, 7.Oktober 2001

DONNERNDE naturgewalt des nachts, orgasmische regenERgüsse; und der morgen: heiter, sonnig, milde.

Mit der gruppe 50 km per pkw nach RANQUAS, einer RÉSERVE NATURELLE, die von Christian P. hier erschaffen wurde, gegen den widerstand der jägerlobby (chasse gardée), die bei gemeindewahlen bis zu 7% der stimmen erhalten; geschützt sind dort bäume, zum beispiel die Elsbeere, die nach 60 jahren erst geschlechtsreif wird, und die, wäre sie nicht irgendwo unbelästigt wild gewachsen oder geschützt von menschenhand, längst dem aussterben anheimgegeben. Und der steinadler, bilder vom durchschossenen gefieder, mit der schrotflinte von unten drei meter nach oben reingeschossen. Bilder einer erlegten bache, deren zahlreiche frischlinge unversorgt zurückblieben. Das feudale jagdprivileg, nach der französischen revolution auf alle männer frankreichs verallgemeinert, dem fällt nicht nur alles wildlebende zum opfer, sondern auch menschen, die einzeln durchs gebirge laufen und unauffällig bekleidet sind, in diesem jahr allein wurden SECHZIG schon tödlich getroffen. Mit erbitterung stehen beide parteien sich gegenüber, und Christian hat den nachteil, kein FRANZOSE zu sein; aber gewiss ist er ein hartnäckig zäher typ, in seiner machogebärde dem französischen landbewohner in nichts nachstehend, seine NATURbotschaft, finde ich, richtet er nicht gern an ÄLTERE frauen, auch wenn die ihm gleichaltrig sind; so meinerseits auch keine lust auf ein gespräch.

Montag, 8.Oktober 2001

In St.Jean de Buèges heisst der Dorfmittelpunkt PLACE NEUVE, nicht Place de la République, wie zu erwarten wäre: das offenbart NAMENtlich die spur der Religions-KRIEGS-geschichte und der AUFKLÄRUNGskämpfe, und offenbart hiesiges denken angesichts gesellschaftlicher auflösung und sozialem verfall.

Lange-lange-weile.

Die Bar du Chateau ist Montags geschlossen, wie ebenso die EPICERIE, die sowieso nur dreimal in der woche öffnet, mit mangelhaftem angebot, nicht einmal das lebensnotwendigste gibt es dort; und kein FLIEGENDER fleischer lässt montags sich sehen und kein bäcker, nur dienstags bis freitags eventuell, mit einfachsten waren zu höchsten preisen, sie, die hier keine konkurrenz zu befürchten haben, nehmen willkürlich von denen, die hier wohnen und keine wahl haben; und der schweinische verkauf, ich sehe voller ekel, wie der bäcker mit seinen pisse-geld-fingern le pain au chocolat etc. ein tütet.

In St. Jean gibt es, was sonst in La France es überhaupt nicht mehr zu geben scheint: einen münzfernsprecher, der keine münzen annnimmt und keine gespräche vermittelt; und das seit jahren schon so, wie mir (west)deutsche häufigbildungsurlauber versichern.

E. muss endlich erkennen, was ist: keine chance mehr des kennenlernens eines ungewöhnlichen menschen, mit dem altersgleich sie leben könnte; le sud de la France einen zauber anzudichten lohnt für sie als SINGLE sich nicht (mehr), abschminken!!; zur (ökologischen) hochhauswohnung in der grossstadt gibt es bis jetzt keine alternative.

Mittwoch, 10.Oktober 2001

Morgens wird es jetzt erst gegen acht uhr hell und gegen acht abends ist es schon wieder dunkel.

Gestern am späten nachmittag die ganze gruppe auf fünf autos verteilt nach Les Euzes, zu einem alten steinbruch und einem aus mehreren steinhäusern bestehenden alten bergbauernhof, der Claude gehört und der da ein künstlerprojekt verwirklicht, wo zirkusleute ruhe und entspannung finden sollen und orte zu ungestörtem üben; wir sehen eine videoaufzeichnung: RÊVE BOHEMIEN,die einen eindruck von den kunterbunten sommeraktivitäten der artisten, jongleure, clowns vermittelt.

In den siebziger jahren war Claude erfolgreich in der schafzucht, die er aber aufgeben musste, als La France, gegen innerfranzösische bauerninteressen, neuseeländischen schafimport zuliess, als "wiedergutmachung" an Neuseeland wegen der von La Frande initierten versenkung eines GREENPEACEschiffes, der RAINBOW WARRIOR inklusive besatzung; die condition humaine der Franzosen!, auch ein gräberfeld.

Ein projekt der SENEFELDERfreunde, die im steinbruch wieder lithographiesteine abzubauen gedachten, weil der erste bedeutende steinbruch in europa, in Bayern, inzwischen ausgeschöpft ist, liess sich, mit der unterstützung des kulturministers Jaques Lang, gut an, es gab künstler, die sich wieder für die lithographie interessierten und denen man neue steine zur verfügung stellte, und davon kündete sogar eine ausstellung in Paris; dann aber wechselte der kulturminister, der mit eigenen, also anderen projekten, sich zu profilieren gedachte, und so starb dieses unternehmen; aber, wenn nur solche leute wie Claude nicht sterben, nicht wahr, ... Vom steinbruch aus: unvermutete blicke in tiefste schluchten und auf lange bergzüge rundherum, um die herum wolkenfetzen schweben, die die bergkuppen verschleieren, und dann plötzlich reisst ein wind alles auf und lässt, scheinwerferartig, licht in die tiefe dringen.

Das dîner im gesellschaftsraum: grüner salat&vinaigrette, putenkeulen in kräutersosse mit in fett gewälzten kartoffeln, käse, schokoladekuchen.

Claudes junge braune sehnige frau mit rastalocken ist zugleich köchin und bedienerin und gesprächspartnerin für die, die genug französisch schon verstehen.

Der aufenthalt hier hat mir keinen zuwachs an sprachbefähigung gebracht, das fand ich dort oben wieder bestätigt; und "unsere" kleine lehrerin, eine mädchenhafte französin, dürr, mitte zwanzig, nimmt mir persönlich übel, das ich ihr "programm" des edutainment nicht akzeptiere, weil es nicht meinen bedürfnissen entspricht; fast "automatisch" widersetze ich mich einem gruppenlernen und jedweder konsensdynamik im lernprozess, wie nur habe ich die schnauze voll!; und weiterhin werde ich keine lebenszeit verschwenden.

Die westdeutsche gruppe, der ich mich nicht zugehörig fühlen kann, weder zu den dreissig- bis vierzigjährigen noch zu denen in meinem alter; alle sind sie NETT, sind IN irgendwie im westdeutschen, sprechen also unter einander nicht aus, was nicht gehört werden will; aber immer sind sie zu dreisten fragen und urteilen gegen "nichtgleichwertige" bereit, als die sie die ostdeutschen gewiss klassifizieren; indem ich alles persönliche also aussen vor lasse, will ich mir deren präpotenz ersparen und mache damit mich aber umso verdächtiger.

Nossack: "Das Prinzip der Gegenrevolution ist Rache, darum ist sie immer um so vieles grausamer als die Revolution, deren Prinzip die Freiheit ist. Die Revolution ist naiv, die Gegenrevolution böse." (S.781), mon dieu, wie gültig das formuliert ist, "das es von anderen nicht noch einmal geschrieben zu werden braucht."!, aber ein paar seiten vorher stand dies: "...etwas ihr [der Frau] Wesensfremdes, der Geist" (S.713), ach, du blödmann.

Donnerstag, 11.Oktober 2001

Heute sommerwetter, die vegetation nach dem heftigen regen in den letzten tagen saftig grün wie im vorsommer, allerdings mit ausnahme der die autostrassen säumenenden platanen, sie entlauben sich gelb wie ebenso die abgeernteten weinstöcke. Nach dem frühstück gen Ganges zum lebensmitteleinkauf für die restlichen tage noch in La France, vor allem KRONENBOURG, wovon sechse im supermarché soviel kosten wie zweie in der Bar du Chateau, 30ff.

Ich resümiere, das mein versuch, effektiv an ort und stelle Französisch zu lernen, grandios gescheitert ist, und zugleich auch der versuch, mit dieser reise die mentalität eines anderen, eines westdeutschen, besser verstehen zu wollen; nun bloss bleibt mir nun, ihn als ensemble der warenwelt zu sehen: atomisiert, bindungslos, narzisstisch, einer, der die mittel hat, SCHÖNEN SEX zu kaufen, wie auch alles sonstige SCHÖNE, das die welt der waren bietet; und das er "nichtWARENwürdiges" nicht schätzt, nicht postkartengeschenke mit individuellem text. Und doch, ich fühle mich begünstigt, das von der frankophilie eines menschen zu dieser reise ich mich habe inspirieren lassen, wo am orte ich nun sehen kann, mit eigenen augen, und mit eigenen händen anfassen. Auf den bäumen vor meinem LE-GRIMPADOU-fenêtre "erzählen" schwalben ganz lange geschichten, wie sie es auch im juni und juli tun in Müggelheim.

Sonntag, 14.Oktober 2001 - Uzès

Gestern gegen 8:45 St.Jean im nebel verlassen, sicht streckenweise nur 50 meter; vor Ganges dann endlich sonne, die immer durchdringender schien, vor Nîmes dann schon pur, es wurde sehr warm.

Die ausfahrt zur naturschönheitsstrasse, die im Michelin verzeichnet ist, in Nîmes NATÜRLICH nicht gefunden; also richtung Alès gefahren und auf abzweig Uzès gewartet, der gut leserlich ausgeschildert auch kam.

In Uzès war markt, also waren alle autos der umgebung auf einmal dort, diejenigen der verkäufer und diejenigen der käufer, und die für einen parkplatz zu spät gekommenen käufer, wie ich, CHAOTISCH auf der suche, im schrittempo umfahren wir die verpestete Esplanade Maréchal de Lattre de Tassigny, sinnlose parkplatzsuche, ich begebe mich nach etwas ausserhalb und parke WILD auf dem gehweg vor einer seniorenanlage, und zu fuss ins städtchen: gut erhaltenes mittelalter: le Duché d'Uzès, la Rue Entre Tours, la Tour Fénestrelle, la Place Aux Herbes. Das Office de Tourisme am Place Albert, wo mir ein stadtplan ausgehändigt wird, und gleich nebenan, in der Rue Sigalon, das Hôtel La Taverne, un Logis de France, und dort für zwei tage une chambre gebucht, die separat in einem rekonstruierten steinhaus sich befindet: un studio avec salle de bains, klimatisiert, gefliester fussboden, kühlschrank; schreibtisch, sessel und lampen im stil moderne, grand lit, weisse vorleger, 230ff par nuit, petit dejeuner pas compris.

Fensterladen und fenster zur Rue de Capucins geöffnet, und dann gegen abend: von wohnung zu wohnung, von haus zu haus: unvorstellbar lärmende gespräche arabischer bewohner untereinander; DÉJÀ-VU: Polen und Böhmen-, mon dieu, ein glück bloss, das ich nicht verstehe, was sie sagen; aufkreischend jagen motocyclettes durch diese enge strasse und ebenso hochröchelnde autos, die bei laufendem motor lange vor meinem fenster halten und die luft verpesten; und aufreizend heulende hunde, die vermutlich irgendwann zum bescheissen der strasse ausgeführt werden müssen. Fensterläden und fenster also schnell wieder geschlossen, nur: die scheiben sind nicht schalldicht, hoher lärmpegel im zimmer trotzdem.

Ich entschliesse mich auszugehen und verkleide mich: schwarze enge satinhose, schwarzer langer baumwollpullover und darüber schlangengemusterter blazer-, was hier als abendbekleidung genauso richtig ist wie vergleichsweise in Nice; ich werde angesehen, egal aus welchen gründen und egal von wem, und jedenfalls blicke ich zurück. Auf dem Place Albert an einem kleinen tischchen mich niedergelassen, ein bier getrunken und noch eines und zu schreiben begonnen:

Eros Zeugen

> Immer daselbe, im neuen jahrtausend wie im alten, wochen sind wieder schon vergangen seit letztens, wo im hotelzimmer sie wollüstig-brutal aufeinander losgegangen waren, sich geprügelt hatten, sie braucht bloss die augen zu schliessen und schon stürzen die bilder herab oder tauchen, von gefühlen, verdammt!, umkleidet, auf, setzen penetrant sich fest, unsäglich ein begehren, dem mit zweifeln sie begegnet, zweifel an dessen berechtigung, wenn sie bedenkt, welcherart verse in ihm umherspuken:
> "Que tu viennes du ciel ou de l'enfer, qu'importe,
> O Beauté! Monstre énorme, effrayant, ingénu!

Si ton œil, ton souris, ton pied, m'ouvrent la porte
D'un Infini que j'aime et n'ai jamais connu?"
Misogynie, was sonst, sich so zu verrennen, fuck you!
Sie besucht eine vernissage und ist stehengeblieben vor der lithographie "Hephaistos fängt Ares und Aphrodite mit unsichtbaren Fesseln", es ist heiss, , Hephaistos, interessant, als voyeur bei der herstellung von EROS, vielleicht, ja, so, das plötzlich sie selbst sich wahrnimmt, geruch, animalisch unter dem t-shirt heraufatmend, zu Hephaistos hin, den mit lahmheit gestraften, und im bild daneben Ödipus, schwellfuss, füsse schliesslich waren das geheimnis der sphinx, vier, zwei, drei, das er löst, woraufhin, statt heimzufliegen, sie flügelverächtlich sich fallen lässt, am boden zerschellt, zerbricht, nicht eigentlich wohl aus unerwiderter liebe, nein, gewiss weiss sphinx, das liebe sie ja nur mit krallen und fängen erwidern kann.
Achtlos nimmt sie das ihr dargereichte getränk und überlässt sich weiterhin ihrem gedankengeruch, bleibt auch dann noch wie unberührt stehen, als von der seite her eine hand vorne in ihren rockschlitz greift und ihre möse hart krallt, einfach so, und natürlich weiss sie sofort bescheid, und es beginnt nässe sich aus ihr zu drängen, die jene hand benetzt, scheisse, also lässt sie, vernissagesekt trinkend, angestautes wasser laufen, das die hand berieselt, die beine hinunter rinnt, in die schuhe hinein, die glitschig werden; und wenn sie ein wenig sich erleichtert fühlt, ergreift sie die hand und zieht ihn mit sich aus den mauern hinaus ins offene.
In der landschaft dann verlieren sie sich ineinander, ihren linken arm auf seiner linken schulter hält sie ihn, ihr gesicht an seinen hals gepresst, riecht sie ihn, leckt seine nackenhaare, mit der zunge hinauf zu seinem gesicht, dreitagebartpflege, den schweiss schmeckt sie, das salz; seine hände packt sie, breitbeinig lehnt mit dem rücken sie sich an einen baum und lässt nun hinauslaufen aus sich, alles, was raus muss, damit, was sie will, das er benützen soll, mit der zunge die schenkel hinauf, zur quelle, mit den händen fleisch auseinanderzwingend, gesicht ans geschlecht.
Auf der faltigen rinde eines bruchbaumes über einer tiefen schlucht balancieren sie, tastend an herabhängenden baumzweigen entlang; und wenn er sich plötzlich umdreht zu ihr, deren einziger halt ein mittlerer ast ist, verharrt sie bewegungslos, wie erstarrt, und er kann leichthin sich an ihr festhalten, ihre bluse öffnen, ihre brüste aus dem schwarzen shirt quellen lassen, deren geruch und den aus den achselhöhlen wahrnehmen, die nippel beissen und ablecken zu einem reizüberflutenden genusse, der sie zu bedachter bewegung veranlasst, woraufhin reaktionsschnell er den haltezweig packen muss, während nun sie halt an ihm sucht, mit der einen hand an seinem hosengürtel sich festhält, mit der anderen den schlitz öffnet, so das sein schwanz ihr entgegenspringen kann, der auch sofort einen nasenstüber erhält und dann abgeschmeckt wird mit den lippen und mit ihrer zunge besänftigt, und dann muss sein mund genässt werden mit seinem saft, seine lippen mit ihrer zunge umleckt werden; sie küsst ihn, liebt ganz einfach, liebt ihn abgründig.

Erschöpft zu bett gegangen, und bei klimatisierten 18°C bis morgens um halb neun geschlafen; und dann, in der boulangerie un pain au chocolat et un croissant, in der epicerie l'eau minerale, obst und bier, im tabac eine FAZ von gestern. Frühstückend lese ich parteiisch, wie die zeitung sich über erscheinungen des islamistischen HERRschaftswahns (gegen "gottlose" wie mich) äussert. Die September-WTC-ereignisse bestätigen TALeuBAN, meinen text, den vor jahren ich zum Bachmann-Wettbewerb einreichte, natürlich erfolglos; und hier, im protestantischen süden Frankreichs, in der Provence, wo grausamste "religions"kämpfe stattfanden, wo INQUISITION ERfunden wurde, kennt man ursachen, gehört das wissen um den MACHT- und BEREICHERUNGSanspruch der katholischen kirche zum allgemeinwissen; und nun erneut eine konfrontation mit instrumentalisierten religiösen MACHTfanatikern, die ihren islamistischen "kampf der kulturen" längst schon aus dem innersten europas heraus führen, aus etablierten NO-GO-Areas in Frankreich, Deutschland (Berlin-Kreuzberg, Ruhrgebiet), den Niederlanden, weil MANn sie hier (fast) widerstandslos hat land besetzen lassen, ohne ihnen zugleich aber reale verdienst-chancen einzuräumen.

Wie fanatisch aber auch Nossack, wie quasi-religiös der GESCHLECHT erzählt.

Ansichtskarten von/aus Uzès an Ingrid, an F., an den KÖNIG.

"Le SUD, Teresa, ist vorzüglich ein ort für paare, die noch UNS zu denken in der lage sind, du <u>und</u> ich, ich <u>und</u> du, die das licht des südens im WIR zu geniessen vermögen, jene wärme, dieses MITEINANDER. Für mich gültig unter drei voraussetzungen: ein vom JUGENDwerbeWAHNmainstream ERlöstes denken&fühlen, eine offenbar(t)e sprachbeziehung, eine ERfüllte (pERvERse) sexualität.

Und auch noch dies, von Baudelaire: "Les savants austères aiment les chats puissants et doux, qui comme eux sont frileux et comme eux sédentaires, amis de la science et de la volupté, ils cherchent le silence, les nobles attitudes des grands sphinx allongés au fond des solitudes qui semblent s'endormir dans un rêve san fin."

DIE REISE NACH FRANKFURT

Vom reisen gibt es berichte zu tausenden. VOM REISEN ist auch gut für einen essai, denke ich, und das soll mir anlass sein, denn irgendwie muss ich ja anfangen; allerdings eine ReiseBeschreibung anzufertigen, das würde mich doch arg langweilen, schliesslich schreibe ich in meinem eigen auftrag; jedoch, wenn es reisegeld und honorar gäbe, ich bin sicher, das auch ich nicht widerstände, zumal heutzutage nur oberflächliches von mir verlangt würde: kleiner text am rande der als SUBSTANZ figurierenden warenwerbung. REISEN schien mir essentiell in einer zeit, als es keine finanziellen und beruflichen privilegien für meinesgleichen gab; aber im jahre 1997, wo alles, was geld ermöglicht, erreist werden kann, was bedeutet das mir heute?

Mittwoch, 8. Oktober 1997

Zweimal hatten wir uns vor neundundachtzig getroffen, mein studienseminar an der Humboldt-Universität, wir, all die LehrerInnen und Manfred, (SED)parteimitglied von (studien)anfang an, der dann beim zentralorgan arbeitete oder war's gar nicht das ND, sondern die BERLINER ZEITUNG, dann cheflektor des verlages wurde, der texte der völker der welt veröffentlichte.

Immer, es klingt mir noch heute in den ohren, wie er es sagte beim zweiten seminartreffen im restaurant BERLIN am Strausberger Platz, das erste hatte bei Helga H. in Lichtenberg stattgefunden, wo wir, wenn wir aus dem wohnzimmerfenster schauten, die friedhofsmauer erblickten, dahinter baum an grab und gebüsch an grab, und ach, wie hatten wir damals Helgas saftigen kasslerbraten genossen; immer sind es die obdachlosen, die kranken, die verdrogten, denen man als erstes begegnet, wenn man zu den buchmessehallen hin in Frankfurt den bahnhof verlässt, hatte er gesagt.

Nachdem ich dem geisttötenden LEHRjob entkommen war, offerierte ich einstmals mich, zugegeben hoch prätentiös, diesem verlag als hilfsbeetle, und noch immer bin ich grell erregt, wenn ich daran denke, CHUZPE, denn, of course, mich brauchten sie nicht, und heute mögen sie HAPPY EXIT O. auch nicht, weil ihnen DIE TUGEND DER

ORIENTIERUNGSLOSIGKEIT im gewaltigen QUATSCHOCENTO der kleinen GROSSdeutschen männer natürlich (verkaufs)sicherer ist.

Das aber hat mit Manfred wirklich nichts zu tun. Es hat nur zu tun mit meiner vorstellung vom reisen an orte, zu denen ich früher mich gern begeben hätte, zum festival filmender frauen nach Mannheim zum beispiel oder zum Avon oder zur buchmesse nach F., was mit GROSSdeutschem pass und WESTgeld jetzt alles geht, jetzt, da auf der Messe das buch als ware, nur als profitable RomanWare medienaufmerksamkeit erregt, jetzt also, da es mir nicht mehr notwendig ist, weil es sich der gegenwärtigen Gesellschaft enthält und ich auch nicht neugierig bin, die mit medienöffentlichkeit opportunierende produktion KLEINER männer wahrzunehmen; jetzt, da die verhältnisse wieder so sind, wie die klassen sind, jetzt geht es, das ich dahin fahre, und zwar zu einem preis, zu dem ich auch hätte fliegen können oder einen wochenaufenthalt auf MACHORKA buchen inklusive Flug, unterkunft und frühstück: 670 Mark-, hin und zurück. Und wenn schon für nur einen tagesaufenthalt eine reise dahin, dann soll es auch schlafwagen sein, dachte ich mir, schon des vergleiches wegen, um unterschiede zu entdecken, und zwar nicht nur die beim schlafwagenpreis, die ja unaussprechlich sind, sondern vor allem jene, die nächtens in polnischen zügen nach Danzig oder Krakau sich mir eingeprägt haben; und auch, das es keine unterschiede geben könnte, muss ich antizipieren; und dann natürlich am bahnhof anzukommen, morgens, wie, wenn ich gelassen worden wäre damals, dann wäre ich wohl zweiter klasse mit dem zug gefahren und hätte bei der ankunft selbst gesehen, was sich Manfreds augen immer dargeboten hatte, jedesmal, wenn er dorthin gefahren war, und wovon, in sprachlichem ekel, er uns mitteilung machte, was zu überprüfen aus meiner seminargruppe leider keineR weiter den vorzug hatte; und einen tag zeit haben für das gedruckte und die sehenswürdigkeiten. die stadt Frankfurt an einem tag, heute, ohne not eigentlich, sich zwingen, alles an einem tag zu sehen, ein wochenpensum, wie als wäre fran nur dieser eine tag gewährt worden: bahnhof und Kaiserstrasse, Goethehaus, der Main, die Paulskirche, das Museum für Moderne Kunst, der Römer, all die interessanten bücher auf der messe. Und schon zurück zum bahnhof und wieder die siebenstündige fahrt.

Donnerstag, 9. Oktober 1997

Das grauen vor WARENfunktionalen städten überkommt mich immer wieder: London, Norwich, Heidelberg, Hannover, aber auch King's Lynn, Ely, Cambridge: morgens, abends, sonntags und feiertags tote hose.

Was soll in Frankfurt ich 16 Stunden lang nur anfangen, Goethe interessiert mich nicht mehr sehr, auch die Paulskirche nicht, MEIN buch auf der messe, keine illusion kommt auf, es wird nicht wahrgenommen werden unter den tausenden von NEUEN; warum bloss will ich mir das antun. 16 Stunden, jetzt schon fühle ich mich müde werden, mittags, vielleicht drücken die schuhe oder es drückt der BodySuitverschluss, vielleicht bin ich verschwitzt und habe (sehn)sucht nach einem bier oder zweien oder dreien, um dann kuschelig in meinem Bett versinken zu wollen; der gewohnte mittagsschlaf, fühle ich schon im voraus, und sei es nur der dieses einen nachmittages, wird mir fehlen in meiner lebensbilanz, und wie bloss soll ich, die Berlin in seiner wiedervereinigt gewordenen eintönigkeit zur genüge schon kennt, unneugierig nun Frankfurt noch überstehen? GrauGRAUENgrau.

London 1991. Nichts als aversion ist geblieben. Und Norwich erst. Warum bloss will ich mir noch Frankfurt antun, ich verstehe mich nicht.

Sonntag, 12. Oktober 1997

Widerwillen vor der reise in der nächsten woche. Gestern schon habe ich die lähmende langeweile, die mich zwischen sieben uhr morgens und elf nachts ergreifen wird, gespürt. Ausserdem war die entscheidung, im schlafwagen dorthin zu fahren, unüberlegt, ich hätte doch fliegen sollen oder gar nicht reisen wollen. Reisen, das hat nicht mehr die bedeutung eines aufbruchs; hast du London und Norwich gesehen, dann hast du alles gesehen. Überdruss.

Das reisegeld hätte ich lieber für die werbung meines buches nutzen sollen, einen flyer an orte der kultur schicken, wo literatur empfohlen wird, das ich da (vor)lesen könnte, möglicherweise, jedoch eigentlich ist auch das eine GRAUENhafte vorstellung: die EINfältigen literaturKenner, die das buch autobiographisch verstehen könnten, obwohl es COGNOSCOGRAPHISCH ist.

Gestern fünf stunden lang fernsehen: HENNE. Konnte danach nicht schlafen, selbst- und fremdtäuschung ganz stark, ich überlege, ob ich nicht HENNE in die nachkriegs- und DDR-wirklichkeit zurückhole, ein zeitgenossInnenbuch mache; werde ich einen verlag finden, der das projekt (mich!) finanziell unterstützt?
Die zitterpartie mit dem krankengeld. Morgen ist termin bei Dr. Jot, wird er mich weiterhin krankschreiben? Die verschärfte zumutbarkeitsregel für arbeitslose sollte ihn überzeugen, mit der lädierten linken hand werde wohl ich kaum den rasen kämmen können vor seiner chirurgischen praxis. Und das ist die ZumutbarkeitsBedingung, nicht wahr, auf der ich bestehen muss.

Dienstag, 14.Oktober 1997

Dr. Jot hat mich gestern weiterhin krankgeschrieben, die hand ist ja erst zu 70 prozent geheilt. Also könnte ich beruhigt reisen, jedoch das imaginierte grauen vor der unstrukturierten Zeit: 16 stunden!!- wird nach wie vor nicht geringer; es ist auch, wenn ich ehrlich bin, eine (Frauen)angst in der KAPITALgesellschaft, das ist: die angst davor, physische oder finanzielle beute der MULTIkultur zu werden.
Im FREITAG 42/97 ein verschriftetes gespräch mit dem unternehmervertreter henkel, der sagt, das es in Deutschland keine armut gäbe. Wirklich, dem manne muss geschärftes begriffswerkzeug unter den gürtel geschleudert werden, damit er aufmerkt: GROSSdeutschland ist eine gynophobe klassengesellschaft, in der die zugehörigkeit der menschen zur (armen) Unter- und (verarmenden) Mittelklasse sich aus ihrem nichtbeteiligtwerden an der verwaltung des KAPITALs ergibt; primär gynophob sind alle klassen, paradoxerweise die mittelklasse vielleicht weniger als ober- und unterklasse.
Ein FINANZeuropa birgt eine gefahr der TALIBANISIERUNG der europäischen gesellschaften; das prinzip der gewinnmaximierung wird zur aufkündigung des erst im ansatz entwickelten demokratischen geschlechterverhältnisses in den staaten Europas führen und von der oberklasse mit allen mitteln betrieben werden: also die funktionalisierung von (willigen, mit frauen unsolidarischen) männern aller klassen im interesse ihrer gewinnmaximierung.

Die wirklichkeit des 21. jahrhunderts für EuropäerInnen, für all die frauen und die (wenigen) männer, die sich dem mainstreamSexismus à la SPIEGEL schon heute kaum noch zu widersetzen wagen: mein HYPERfictionTEXT **007 MÜLLER OpusEBIA und die Sehnsucht nach aiTOPu.**

Norwich. Hätte ich Norwich, Cambridge oder London zu DDR-zeiten gesehen, ich wäre, glaube ich, wie all die anderen, die in die DDR zurückkamen, die musiker, die aussenhandelsleute, die buchhändler und autoren, die techniker, nicht weggegangen aus Berlin, Hauptstadt der DDR.

Norwich, ein KulturSchock.

Primitive verkaufsstände auf dem markt im zentrum, schleimige schmiere auf dem pflaster des ganzen areals, (affen)ölartiger gestank überall. Und heute das alles auch vor dem KAUF(dreck)HOF am Hauptbahnhof, nun auch hier arme menschen, die sich mit dem verkauf von (primitiv)waren den LEBENSunterhalt verdienen müssen.

Abends am bahnhof von Norwich ein Mann, der: MAY I SIT HERE, sich zu mir an den tisch setzt und ein zweideutiges angebot macht, das ich leise, aber eindeutig ablehne, was er nicht verstehen will, und ich muss erst laut werden: NO LEAVE ME ALONE GET OFF, damit er verschwinde. Und dann im laufe des jahres das photo in der ZEIT, als ich meinen augen nicht zu trauen glaubte, derselbe(?), der als bedeutender schreiber in deutscher sprache gepriesen wird; der Norwich als lebensmittelpunkt gewählt habe.

Mittwoch, 15. Oktober 1997

Weil ich nach dem morgendlichen lesen keine lust mehr hatte, habe ich meinen inneren schweinehund siegen lassen und keine gymnastik gemacht, bin -als gewissensausgleich-dafür aber die elf treppen hinunter- und hinaufgestiegen, letzteres erheblich schnaufend, ich bin aus der übung, kein regelmässiges körpertrimmen mehr, seitdem das haus und die flure renoviert werden, den handwerkern bist du immer bloss im wege.

Die lektüre heute morgen war SINN&FORM, deren abo zum nächsten termin ich gekündigt habe wegen ihrer androzentrischen veröffentlichungspraxis, in nummer 4/97 ein text über Frankfurt am Main und 5/97 ein text über einen englischen "exilanten".

Frankfurt, das als ästhetische ArchitekturAlternative immer nur die hässlichkeit wählt(e), ich werde also wohl nur das sehen, was ich befürchtet habe und was mir jetzt schon

stinkt, warum nur habe ich wie wahnhaft diese reise gebucht und diesen preis bezahlt bei der DB. Gibt es (k)einen weg zurück?
Und den text von Jeremy Seabrook EIN ENGLISCHER EXILANT lese ich wie als bestätigung zu meinen eindruck von Norwich. Die ärmlichen menschen in der TagesÖde der autoabgasverpesteten stadt, und abends die StadtSteppe, BRECHREIZ, du kannst nicht soviel fressen, wie du kotzen möchtest.
Obgleich ich mich als Europäerin in einem demokratischen Europa habe sehen wollen, muss ich mir heute eingestehen, das mein Status in diesem GROSSdeutschland kein anderer ist als der einer exilantin, ich bin beobachtende nur, (konsum)überdrüssig lebend und also überflüssig, teilnahmslos gemacht, und als stimmvieh auch wahlverweigernd noch funktional für die parteien, die den staat okkupiert haben.
Nachricht von gestern: MOBUTO jun. wird asyl in Deutschland gewährt.
Zum 70. geburtstag von Grass zeigt arte DIE RÄTTIN.
Die botschaft des schnauzbärtigen ist simpel: auf der vom menschen geschundenen erde könnten ratten die herrschaft übernehmen, aber ja, selbstverständlich, die natur zeigt dem menschen, der alles, was geht, auch macht, seine grenzen, letztlich. Die TALIBANISIERUNG der europäischen gesellschaften als von männern ausgehende wirkliche gefahr, kann dann grass-allgemeinplätzig ausser acht gelassen werden. O, diese anmassung der schnauzbärte: der postkutschen-epische G. und der in den medien immer noch DDR-dissidentisch sich aufplusternde Ku. Schauder.
Ohne stimme im muttersprachlichen Deutschland bleibe ich. Und sympathische stimmen: DS-Kultur- seit langem weg, Radio Brandenburg weg seit kurzem. Und ob die sich meiner stimme bedient hätten, ist auch noch fraglich; zu stark der sexistische mainstream in den sendern. Jedoch abschalten kannst du überall.

Freitag, 17.Oktober 1997 21:21

Heute den ganzen morgen wieder darüber räsoniert, warum ich mir diese ReiseStrapaze antun will, auch noch FE damit belästigt, der mich gegen zwölf besuchen kam.
Den tag wie jeden anderen verbracht mit lektüre hier und lektüre da, heute insbesondere DIE ZEIT 43: Bücher, die die ehre haben, dort besprochenen zu werden, sind eben

dieselben, für die die verlage auf den literaturseiten reklame machen, meist männerbücher; mein buch hat keine sau gelesen, weil ja unbeworben.
Zu mittag tortellini und HASSERÖDER, meine neue Biersorte: zehn pfennig billiger im KAUF(dreck)Hof als WARSTEINER, jedoch dreissig pfennig teurer als in Gosen oder bei Reichelt.
Mittagsschlaf, lektüre, fernsehen: die Berliner Abendschau und einen dokfilm zur herstellung der RÄTTIN.
Duschen und ein wenig kosmetik, zwei HASSERÖDER, jetzt noch diese Zeilen und in einer viertelstunde gehe ich los, vielleicht ist ja S-BahnPendelverkehr, und nun will ich doch nicht, das der zug eine minute vor meiner ankunft abfährt.
Wie sieht ein schlafwagen in Deutschland aus, vorsichtshalber habe ich mir eine wäscheklammer eingesteckt in erinnerung an deren nützlichkeit im WARSwagen, wie dort ich variabel die eingesetzt habe, damit schlafen (drei Stunden von den acht) überhaupt möglich wurde.
Heute nochmals über den satz von Seabrook (S.659 S&F) nachgedacht, der mir inhaltlich nicht stimmig scheint:
"Jetzt ist das von uns behinderte Morgen gekommen. .... .
Frauen, die sich nach Einbruch der Dunkelheit nicht mehr auf die Strasse trauen aus Angst, das die gestörten, von anonymen, mächtigen Anderen aus Profitsucht aufgestachelten sexuellen Begierden Fremder sich an ihnen abreagieren."
Der satz erfordert präzisierung, denke ich, darüber später noch einmal.
21:46. Ich mach mich auf den Weg.

Freitag, 24.Oktober 1997

Am 19. Oktober 1997 donnert Günther GOTT in der Paulskirche gegen die deutsch-türkischen beziehungen hinsichtlich waffenlieferungen und angeblicher verweigerung von asyl für die kurden; der schnauzbart hat noch immer nicht geschnallt, das das problem der (potentiell) TALIBANEN Kurden asylpolitisch auf deutschem boden gelöst werden soll, damit die (NATO-strategisch wichtige) Türkei EU-fähig wird; und das, obwohl eine mehrheit der deutschen bevölkerung, insbesondere frauen, weder mit dem einen noch mit dem anderen einverstanden sind. G. aber tobt.

Vor einer woche nun also schon: Frankfurt am Main. Die 16 stunden dort sind schlecht und recht überstanden; das bier: BINDING- war gut und auch die stadtrundfahrt: Paulskirche, Römerberg: die neuen alten fassaden, der MUSEUMsPlattenbau mit den modellen der alten altstadt und der von den AngloAmerikanern zerbombten altstadt, nichts wurde gesagt über die zerstörung des westends durch immobilienspekulation und über astronomische spekulationsgewinne von leuten à la Ignaz B., der heute von allen deutschen medien immerzu aufgefordert wird, den moralischen empörer zu spielen, was der auch schamlos tut; das neue alte GoetheHaus, dann die fahrt durchs Westend und Sachsenhausen: kein verlangen nach apfelwein und deutscher kleinstadtidylle gespürt; von ferne emotionslos alle skyscraper Mainhattens angesehen, den HenningerTurm, jedoch kein HenningerBier probiert; messeturm und das SYMBOL für arbeit: ALLE RÄDER STEHEN STILL, WENN DEIN STARKER ARM ES WILL, das ist Mainhattener zynismus zum ende des 20. jahrhunderts. Den bus, schlechtgelaunt, am hauptbahnhof verlassen, jedoch der stadtführerin, wahrscheinlich lehrerin, ausdrücklich gedankt; zu fuss zurück zum messegelände.
Vor der eingangshalle kurzes gespräch mit abiturienten zur (für die dummen WESTdeutschen!) beabsichtigen veränderung der deutschen sprache mittels rechtschreibreform, mit meiner unterschrift protestiert.
Um 13:30, von der tageswärme (19 Grad) ziemlich exhausted, im messehallenfoyer an einem tisch für mich allein einen dünnen kaffee für 6 mark 30 getrunken und den verlauf des vergangenen abends, der DB-SchlafwagenNacht und des frühen Frankfurter tages überdacht:
Letzten Freitag, 22:30, Bahnhof ZOO, der zeitungskiosk ist schon geschlossen, fast alle Geschäfte auch, es lungern herum die blickaufdringlichen schwarzköpfe, punks, die drogensüchtigen des sexgewerbes, dazwischen ordnungskräfte, nirgendwo aufregung, MAN scheint alles im blick zu haben, trotzdem das gefühl: lieber fliegen, abends lieber nicht mit der Deutschen Bahn reisen, die packen es nicht, der reisenden interessen zur mitternacht zu schützen.
Kantstrasse Ecke Joachimstaler: der zeitungsstand ist geöffnet, ich frage -wegen Jelinek und Streeruwitz - nach EMMA; frauenzeitschrift? radebrecht der kassierer, nein, sage ich, eine zeitschrift für menschen, woraufhin er mir doch zeigt, wo die

frauenzeitschriften stehen, so eng gedrängt, das die titel nicht zu lesen sind; und als ich dann eine davon herausziehe, da fallen, im dominoeffekt fallen alle, eine ganze reihe zeitschriften fällt, fällt herunter, fällt auf den gang. Stille im laden und allealle kieken.
RAUS, MIT ABSICHT GEMACHT, RAUSRAUS, brüllt der kassierer, stürzt auf mich zu, packt mich an Arm und Rücken und will mich aus dem laden schieben, was ich mir nicht gefallen lasse, woraufhin er hinausrennt, pfeift; und dann kommen zwei schwarzköpfige WACHmännerRIESEN in den laden, die mir deutlich machen, das ich besser nicht darauf bestehe, die von mir gewünschte zeitschrift noch finden zu wollen, sondern lieber ganz schnell hier verschwinde, was ich, obwohl ich nun keinen lesestoff für die nacht habe, befolge, und was mich unbeschadet lässt; wäre ich ein mann gewesen, denke ich, hätten sie mich mit fäusten und fusstritten aus dem laden gefeuert. Die TALIBANISIERUNG des deutschen alltags, nicht wirklich?
Nach durchwachter nacht: wie im WARSwagen machen das stickige schlafwagenabteil der DB und der krach, den die klimaanlage verursacht, SCHLAFEN ganz unmöglich; mit dreiviertelstündiger verspätung dann ankunft in Frankfurt. Morgennebel. Die bahnhofsfassade ist grösstenteils eingerüstet, ein öder vorplatz; durch die unterführung hindurch, drei alkis liegen dort, zur Kaiserstrasse aufgestiegen, es kommen in den blick männer aus fernost, die ihr verkokstes dasein in telefonzellen leben; allüberall abfälle des vergangenen abends.
Angenehm nur zeigt sich dem frühen auge der Mainkai: die weissen touristenschiffe aus der Schweiz; und trotzdem, auch hier im leeren stadtraum die latente angst, physisch angefallen oder ausgeraubt zu werden: wer hier würde etwas hören, wenn du schrieest; kein café weit und breit, das zum frühstück einlädt, zurück den weg zum bahnhof also, frühstücken, damit die feuchte gräue im inneren trockne, einen kaffee trinken, dort, wo du sitzen und eine semmel verzehren kannst, in dem einzigen restaurant, das es dort gibt, wo fran bestellen kann und bedient wird.
Also ist Manfred, nachdem er mit dem zug in der frühe in Frankfurt ankam, immer zuerst, wie auch ich eben, auf die Kaiserstrasse gegangen, wurde in der unterführung des morgendlichen elends ansichtig, was er hätte vermeiden können, wenn er einfach über den nordausgang des bahnhofs zum messegelände gelaufen wäre; die begegnung mit der erbarmungslosigkeit des geldes jedoch, er hat das nicht rüberbringen können zu uns, wir

sesshaften glaubten dem, der reisen durfte, sowieso kaum etwas, und das ist wohl auch der grund, weshalb ich mich so gut erinnere, die Vorstellung von diesem ort, die, topographisch ganz falsch, in meinem gedächtnis gespeichert war; was soll's.
Der postmann klingelt und bringt mir zwei pakete. Eins mit bestellten büchern, im anderen befinden sich zwei piccoloflaschen und ein brief von TRIGA, dem nichts hinzugefügt werden soll: "Wir möchten uns heute noch einmal ganz herzlich für Ihren Besuch während der Frankfurter Buchmesse an unserem Stand bedanken. Ich habe mich gefreut, Sie persönlich kennenzulernen und mich mit Ihnen zu unterhalten. Als Anlage fügen wir ein kleines Prösterchen bei, zum Anstossen auf Ihr Buch."

Mittwoch, 29.Oktober 1997

Finanzielle probleme töten schreiblust. Der zustand meiner operierten linken Hand muss einer krankenkassenärztlichen untersuchung unterzogen werden, ich muss zum chirurgen, wartezeit, ich muss zum medizinischen amt, wartezeit, das arbeitsamt fordert erneute meldung der arbeitslosigkeit nach der krankheit, es bleibt die ungewissheit, wie es finanziell weitergeht; der rentenberater fordert (zurecht) honorar für seine arbeit; und die auf SPDticket amtierende schulsenatorin, die auch schon sozialsenatorin war und bürgermeisterkandidatin der SPD für Berlin, der man also wegen ihrer austauschbarkeit getrost politische unbedarftheit unterstellen kann, lässt mir über das landesschulamt mitteilen, das es verständnis für meine situation gäbe, jedoch keine einstellungsmöglichkeit. Meine politische vita ist entwertet. Das Landesamt für Zentrale Soziale Aufgaben hat mir in dieser dringlichen angelegenheit noch immer keine nachricht zukommen lassen.
Die GROSSdeutsche heuchelei: an meinem beispiel wird klar, das die juristische VERarbeitung der DDR politisch motivierte justiz (siegerjustiz) ist, das es um die kontinuität der GROSSdeutschen erzählung geht, nicht aber um historische einsicht und gerechtigkeit.
Der nachmittag und abend in Frankfurt: zurück zum Domplatz, tortellini beim Italiener und zwei BINDING-biere, um dreiviertelsechs kinobesuch: MRS DALLOWAY, harter kampf gegen das müdewerden vor diesem mit literarischen mitteln erschaffenen film, der so die besonderheit seines eigenen metiers verachtet und mich langweilt.

Viertelneun, zurück zum bahnhof, im geschäftigen hin und her dort ist freieres bewegen und schauen möglich als auf der Kaiserstrasse; es fällt mir ein, was dem satz von Seabrook hinzuzufügen wäre: aus kapitalverwertungsgründen wird EuropäerInnen diese TALIBANE MULTIkultur zugemutet, die nicht argumentiert, sondern prügelt und zusticht, wodurch die lebensqualität in den europäischen städten sinkt und zur landflucht der reichen führt.
Beispiel dafür scheint mir die archaische ermordung der ethnologin Katrin Reemtsma durch ihren (zigeuner)ehemann offensichtlich wegen geld und MANNansehen; so bedauerlich der tod dieser kultivierten, unaustauschbaren frau auch ist, sie war eine phantastin ("es gibt keine zigeunerische Lebensweise") des BRD-gutmenschentums, das in fragen des politischen asyls schnell zu verbaler gewalt greift, um andersdenkende, in dieser frage die mehrheit der Deutschen, zu diskreditieren.
Um viertelzehn ins restaurant, wo du sitzen kannst und ein abendbrot bestellen und bier trinken. Zwei stunden fast dann im gespräch mit einer von wahrscheinlich drogen, sicher aber von alkohol angestörten frau, die fünfzig ist, prügelopfer eines IBM-ManagerMannes, dem sie sexuelle dienstleistung zu seinen bedingungen verweigert; eine mit schlägen hart strafende mutter aus Schlesien, ein als musiker überragender vater, ein wie sie musikalisch hochbegabter bruder, der als twen seinem leben ein ende setzt, und sie, die mehrmals aus ersehntem tablettentod wieder erweckt wurde und todunglücklich ist; eine westdeutsche (katholisch und/oder nazistische?) biographie.
Kurz nach 23 Uhr endlich der Zug, MEIN abteil in besitz genommen, zähne geputzt, gewaschen, hingelegt, und noch vor der zugabfahrt eingeschlafen; schwer geträumt: Benedetta. Zwei stunden zwischen zwei flügen. In der lounge des Wiener flughafens gespräch mit Benedetta von T. Und schon wird unser flug aufgerufen. Die kurze zeit zwischen zwei flügen. Zwei Stunden wie im fluge. Ich sage, das ich sie sehen will, und, kein problem, sagt sie, 5000 Meter über Europa, OK, ja.

Man kann heute nicht mehr zu den Künstlern zurück und sagen, es gelten diese und jene Positionen von bestimmten Künstlern aus diesem oder jenem Land. Heute geht doch viel mehr Energie von einem kleinen Büchlein von MERVE oder TRIGA aus als von riesigen Bildern. Die Bildende Kunst wird immer kleiner und unbedeutender im Vergleich zu anderen Disziplinen.

KLASSIK erlangt erst in den zwanziger und dreissiger Jahren unseres Jahrhunderts literarhistorische Bedeutung, Klassik soll dem Dichter als Mittelpunkt einer Welt, die durch sein Werk hierarchisch geordnet ist, exemplarische Geltung verschaffen. KLASSIK lässt protofaschistisches Denken erkennen, das sich historisch gegen die ROMANTIK und aktuell gegen die MODERNE richtet. Das Wort gehört zu jener Sprache der Einschüchterung, die den Ideologien unseres Jahrhunderts geläufig ist.

Der Intellektuelle alten Stils, doppelt geknechtet: auf theoretischer Ebene durch verknöcherte Methodik und 'geschlossene' Klassifikationen, die die Wahrnehmung des Neuen verhindern, auf politischer Ebene durch 'Mythologeme' wie DAS VOLK und DER FORTSCHRITT, die aus der naiven Vorzeit der Moderne stammen.

Intellektuelle Männer, die ein gewisses Alter erreichen, legen sich merkwürdige Ticks zu. Der eine wird auf seine reiferen Tage noch einmal Vater, tauft seinen Sohn Adam oder die Tochter Judith und entdeckt beim nächtlichen Windelwechsel die Wonnen der Religion.

Der andere verknallt sich in ein Weiblein oder Männlein und will dann DAS UNIVERSUM MIT SEINEM LIBIDOSTROM BENETZEN.

Der sexuelle Genuss, den Männer Frauen bieten können, ist ungleich geringer als der, den Frauen Männern bieten.

Das Unglück der Männer, die ihre Lebenspartnerinnen danach wählen, wie klein die Brust, wie dürr der Körper, wie blond die Haare, wie gering die Jahre.

PLURIDITÄT verteidigen gegen EIN-IDENTITÄT, PLURALITÄT und ALTERITÄT gegen EINHEIT und TOTALITÄT!

Religion als Sprachpraxis begreifen, in der sich (geile) Böcke (Juden, Christen, Mohammedaner) zu Gärtnern erzählen, die weibliche Sexualität als (gottgefährliches) Unkraut ausmerzen (wollen).

Die ökonomischen Interessen der gynophoben REICHARMgesellschaften Europas ÖKONOMISCH unterlaufen: Männern kein Publikum mehr machen, keine Bücher, Zeitschriften und Zeitungen mit androzentrischer Perspektive und Veröffentlichungspraxis abonnieren/kaufen.

Das Lokale gegen das GELDglobale verteidigen.

Benedetta. Als sie mir mit den augen zunickt, erhebe ich gleicherweise mich, taumele zum ende des ganges, warte bis die tür sich öffnet, sehe ihre weissen brüste über der schwarzen corsage leuchten und zwischen schwarz-grau gemusterten strumpfbändern und hellem fleisch, HEXENgekräusel, fünf kilometer über Europa.

WIEN-BERLIN UND WEITER

Benedettas haus an der Lesum, wenige zehn meter unterhalb des wanderweges gelegen, der deich als schutz gegen den seewind, backsteinbau, reetdach, schwere hölzerne eingangstür, grosse panzerglasgesicherte fenster für den freien blick jedeRfrans von aussen ins helle innere, alarmanlage.
So behütet, dachte ich, könne eigentlich sie doch nur auf seiten der edelseelen stehen, die in ihren abgehobenen wohn- und autowelten die welt gar nicht mehr wahrnehmen.
Benedetta. Zwischen Wien und Berlin, zehntausend meter über Europa: Benedetta. Wäre nicht, zwischen ihren schenkeln, die rote mähne gewesen, ich hätte glauben können, meines eigenen körperbildes ansichtig zu werden, im edlem bodysuit die weiblichen formen und, unter schwarzer spitze durchsichtig bedeckt, die weissen weichen warmen brüste. Benedetta, die lässig zwischen Wien und Berlin hergezeigt hatte, was zu sehen ich verlangte.
Diese trieseligkeit am morgen, wie immer ist die ursache dafür nur ein kleines bier, eines zuviel in der kneipe gestern abend, und wieder nehme ich mir für alle zukunft vor, nicht mehr als drei zu trinken, denn bei jedem schluck schon vom vierten wehrt sich das hirn wie gegen vergiftung, obwohl es das dritte noch ganz locker hinnimmt und ich mich sehr gut fühle, ausgeglichen, fern vom verbalen tagesmüll.
Zum frühstück wie immer brötchen und knäcke, wurst und käse, quark und banane und einen apfel, und chococino und möhrensaft, und zuletzt bei lektüre der zeitung des vergangenen tages der espresso.
Mit leichtem kopfschmerz und ziemlich steif dann die gymnastik, und wieder wird, wie immer, alles besser danach; die wirbelhaare dann, mit fönwell, in eine frisur fügen, duschen, crème auftragen, lippen schminken, auf die wangen einen zarten braunton pudern, damit er den grauen augen schmeichele, und dazu vor sich hinsprechen *Auf meiner Wange blutet die Scham*, und dabei an den aus Asien denken, der ein könig dort zu sein behauptet, weiss der kuckuck, was das bedeuten soll; eigentlich müsste er MrSecret heissen, weil er zwar aus allem ein GEHEIMNIS macht, nicht jedoch aus seinem SEKRET; und er schreibt, das es gewiss bessere lyrik als die von frauen gebe, aber wörtlich: *Nichts Ergreifenderes,* und dies urteil gilt den gedichten Else Lasker-

Schülers, *Du, sende mir nicht den Duft deiner süssen Gärten zur Nacht/ Er quält meine Scham.*

Vor dem spiegel hand zwischen die beine, stoppeln nachwachsender haare im gefühl, die möse einer hellhäutigen, und obwohl dem ZEITgeist das als IN gilt, möchte ich es fast als ein mögliches manko wahrnehmen im antizipatorischen blick einer männerphantasie, die, so stelle ich mir vor, erst im weibsgeruch einer löwenmähne sich versinnlicht.

Imagination des reizes eines frischen seidentuchs an der stelle, die, unter androgynen phantasien, ausschweifende berührung verlangt, schon zum tage und immer zur nacht: die TIEFEN zuckungen in den bauchraum hinein, der frisch-kräuter-würzige duft auf der seide, nur cunnilingus noch, höher geht's nimmer, und einen moment noch erinnerung an rituale der lust, zuerst die Benedettas: Frühstück im Freien, jedoch, sagte Benedetta, anders als auf dem bild: nackt immer die beiden männer, immer bekleidet: sie; perlende flüssigkeit in den gläsern, prickelnde spuren den hals entlang, aufs dekolleté, den busen hinunter, begehrliche blicke von einem X auf ihr leicht geöffnetes mieder, ihre brüste, die nach einer weile erst er zart zu berühren wagt, mit den händen, mit der zunge, mit den lippen, mit den zähnen; und wie inzwischen Maximilian ihren rock um sie drapiert, ihre schenkel anwinkelt und spreizt, wie seine hände sich ihrer fotze bemächtigen, die grossen lippen öffnen, seine zunge, sein saugender mund an ihrer clit, wie seine finger in vagina und anus stossen und wie er in den vertiefungen ihrer fotze die blanken roten perlen versenkt, die irgendein X, zu ihrem allergrössten vergnügen dann wieder herauslutscht aus der tiefe, und der, wenn sein schwanz eingesogen wird in ihr loch, sich schon ergiesst, und wie sie Max dann ihren leib öffnet, damit er ihm mit der erwarteten heftigkeit begegne, aus umwerfender voyeurslust, die ihm, wie sie wusste, entstanden war, als er sie unter der zunge des anderen hatte zucken sehen und schreien hören; und danach, wie alle sie entspannt umherliegen, nie je unterwerfung, keiner, nur berührungen und innigster genuss.

Was heute anziehen, ärmelloser bodysuit, schwarz, die brüste schimmern unterm nylonnetz, schwarze zierrandstrümpfe, enge schwarze hosen, schmale schwarze stiefel mit blockabsatz, darüber ein hellgraudünner pullover und jeansweste, stonewashed, dann die schwarz-glänzende swingerjacke mit hellgrauem kaschmirschal um den kragen gewickelt.

Auf dem wege Acker/Kosuth memorieren, *Neue Formen gibt es nicht. Es gibt nur neue Bedeutungen, und das Herstellen von Bedeutung ist das, womit Künstler sich beschäftigten. Zunächst das Gegenwärtige klären und artikulieren. Um ein Bewusstsein zu schaffen*. Ja!

Plötzlich scheuert der verschluss des bodysuits erbärmlich, ich werde feucht, und wieder blitzt Benedetta als bild auf; trotz unterschiedlichster vita die koinzidenz einer frühen erfahrung mit dem geschlecht als gemeinsamkeit.

MädchenMuster. Als wörter an die tafel geschrieben werden sollten, das hiess nach vorne kommen, und wie, als ich an der reihe war, der lehrer von hinten unter dem rock den slip beiseite schob und seine handkante in den spalt drückte, da blüht erinnerung auf an die scheune im Thüringischen, wie eines sommers der cousin den rock der kleinen städterin hochgeschoben hatte, wie er ihr fötzchen dem anblick aller freigab, und wie sie betastetet wurde von den jungen, wie einer nach dem anderen die hand an ihren schlitz legte, wie sie die städterin betrachteten, die, obwohl sie von den sitten des LANDES nichts zu wissen schien, doch ganz und gar nicht verwirrt war ob dieser berührungen, weil die so viel sensationeller sich ihr zeigten als die eigenen, die sie seit drei jahren, seit sie fünf war, an sich vornahm, wodurch so innerliches ihr beschert wurde, und jetzt, da fremdhändig sie selbiges wahrnahm, schreckte natürlich sie nicht zurück, sondern schob ihr fötzchen den sanften händen geradezu entgegen.

Und dann in der schule, selbstverständlich wurde vom lehrer sie zur helferin gewählt, die zweimal pro woche nach dem unterricht ihm schulhefte zu bringen hatte, ganz normal.

Und während des unterrichtes die kleinen aufmerksamkeiten: freundliche blicke, zart-unauffällige berührung.

und an seinem orte dann, nach dem diktat immer das lesepensum: *Die schöne Lau*, und dabei, während des vorlesens, immer seine hand zwischen ihren beinen, und wie, wenn der druck nachliess, sie sich dem wort verweigerte, einfach nicht weiterlas, im text stehen blieb, störrisch.

ERziehung zwei (schul)jahre lang, kniebestrumpfte beine, die gespreizt vom schreibtisch herunterbaumelten, machtlust, wenn ihr bäuchig-wollüstiger leib umfasst und das stinkende fötzchen, ganz und gar noch unbehaart, sauber geleckt wurde, exstatisch, wenn dort geleckt wurde, abgeleckt, und auch wenn mit seiner eichel, dann und wann, am

löchlein er sich rieb, und wie jedes mal seine lust auf ihren bauch er spritzte, und, für den SCHULdienst sich bedankend, sie mit einem kuss aufs haar entliess, in aller unschuld.
Nachmittags zurück durch triste strassen, vorbei an der elelanten boutique, die hierhin eigentlich nicht passt, nein, doch nicht vorbei, der blazer, eyecatcher, glänzend schwarzes nappaleder, style Italy, ich probiere ihn, ich kaufe ihn, genau, weil ich ihn mir eigentlich nicht leisten kann.
Vergleiche. Mädchen.
Sie, KLACKEKLACKEDEKLACK, die sich vor ihrer grundschulmädchenklasse als, wie es heute hiesse, showtalent outete; jedoch kinder mit willen kriegen von kleine-leute-eltern was an die brillen, undurchsetzbare wünsche, unmöglich ARTIST zu werden, da stand gegen kindlich-weibliche perspektive armeleutevernunft, lieber abitur und LEHRERstudium, lieber sicher vergütet in kultureller öde bei unendlicher langeweile unter männern und frauen aus KLEINEN denkverhältnissen, langelangelange jahre lang.
Nichts anderes geworden zu sein, sondern vom wenigen möglichen immerhin das hassenswerteste, das geistiger beschränktheit der familienwelt und kleinbürgerlichen begrenzungen entrissen werden kann: eine LehrerInnenexistenz.
Die deutschen verhältnisse mit den alten herren, die ihr schäfchen so sorgsam trocken fönen, stöhne ich, nachdem die proletarischen schafe ins schlachthaus verbracht wurden, und wo nun nur noch die BESSERgeschichte erzählt werden darf.
Und nichts von Jekyll&Hyde, ergänzte Benedetta, redeverbot für Hyde, langelang, und die derzeitig empörte überraschung, da es anfängt zu blitzen, scheinbar aus heiterem himmel, aber desto feuriger, nicht wahr: schwarzköppe und kopftücher, kahle köpfe und schwere schuhe, und die betroffenheitskreischer. Ich verdiene, wie du siehst, gut.
Es war auf einer abendgesellschaft, das ich Chaim, wie er sich jetzt nannte, wiedersehen sollte, erzählte Benedetta, und zwar auf Maxens bitte hin, möglichst unauffällig, um ihm die risiken des prozesses klar zu machen und um ihm mich meiner zu versichern, zu welchem tun Max mich erpresst hatte, aus alten verbindlichkeiten heraus hätte ich mich loyal zu verhalten, hatte er gefordert.
Übel gelaunt also war ich angekommen, und ich erblickte ihn auch sogleich inmitten lauter TV-VIPs, die sich für repräsentanten deutschen kulturlebens hielten;

gewohnheitsmässig grölend produzierte sich der bieraffe wie ebenso jener literaturclown, immer lisplig-seibernd, der als "medienautorität" einfunktioniert ist in kapitale machtbeziehungen zwischen GROSSverlagen und autoren, von denen die meisten NEUE bedeutungen gerade nicht herstellen, weshalb sie von den mediokren des medienbetriebes sehr verkaufsfördernd auch zu KÜNSTLERN stilisiert werden; und unter diesen schwadronierern er als einer der auffälligsten.

Sein aussehen hatte mich überrascht, sagte Benedetta, haarkranz inzwischen, aber immer noch die anliegenden ohren und so blaue augen unter dunklem wimpernfächer und schwärzlichen brauen, männliche körperpräsenz in jeanshose, pullover und blazer, alles grauinschwarz, diese edle körperhaltung, unverändert.

Im ton, so als ob gestern erst er für kurz weggegangen wäre, um heute schon wiederzukommen, begrüsste er mich, und im gleichen ton "Guten tag, Hans" erwiderte ich, oder im fast gleichen, jedenfalls so, wie ich ihm damals erwidert hätte.

Nun doch neugierig geworden, veranlasste ich am nächsten tag, das Max mir die frau zeigte; und ich sah sie dann, betrachtete die schönen beine und die wohlgestalteten füsse mit den so niedlichen zehen, füsse, die schuhwerk nie eingeengt hatte; und auch sah ich die hämatome an schenkeln und brüsten und die extrem vergrösserten brustwarzen, die zerbissen schienen und zersaugt; die möse: ganz und gar enthaart, mit grossen lippen, beringt, und die nymphae, wahrscheinlich durch gewichte gelängt, aneinander geringt, ein ring darunter, dem ein C angehängt war, und dann dieser wunderbar grosse kitzler, der einem säuglingsschwanz ähnelte, auch durchstochen und mit einem ring behängt.

Und sie war abgefüllt mit sperma, mund, loch, gewohnheitsmässig, wie es scheint, hatte Max gesagt, nur das diesmal sie die ihr angetane sünde nicht mehr weglecken konnte, nicht mehr schlucken

Aber das, sagte Benedetta, das ist eine andere geschichte, die geschichte der KLEINEN MEERFRAU.

In ihrem eleganten hause, als wir ankamen, war alles vorbereitet, auf dem tisch exotische delikatessen und champagner, feines Geschirr, kristallene gläser, und ein dunkelhäutiger mann zur bedienung, dessen entblösster körper: breite schultern, schmales becken, runder straffer arsch, pralle hoden- unsägliche attraktion verhiess.

Weil er sich unserer sprache als kaum mächtig zeigte, wies, mit leicht herrischer geste, Benedetta ihm seinen standort an, rücklings an einen stuhl gelehnt, sein nackter körper, sein erigierter gerader schwanz offen unseren blicken, und, während er stand und da stand, taten wir uns, die augen immer mal wieder auf den schwarzkopf gerichtet, gütlich an speis und trank, und geniesserisch pflegten wir eine unterhaltung tändelnder phantasie, die mit entsetzen weiter und immer weiter wahrhaft keinen scherz trieb:

-Asylbewerber, der mit drogen dealt

-oder seinen leistungssatz mit ficken aufbessert

-der verfolgungsgründe erlügt

-und/oder eine demokratische gesinnung

-religiöses ritualschwein, das eine herrschaftsposition über frauen behauptet

-frauenschänder, der in der "hochzeitsnacht" die braut auf gefühllose "jungfräulichkeit" hin "prüft",

-und mit der rasierklinge die zusammengenähte vulva öffnet

-und seine Hände in genitalblut wäscht

-und einer radikal beschnittenen klitoris ansichtig werden will

-und triebhafte stösse in das verstümmelte Genitale eines schmerzzerrissenen weibes treibt

-und orgiastischen genuss erlebt in einer phantasie unendlichen schwängerns

Als Benedetta den schwarzen aufforderte, meinen seidenblousonverschluss zu öffnen, damit nun auch meine brüste ihrem blick zugänglich seien, als er also sanft seine hände über sie gleiten liess, die auf schmalen schwarzen lederstreifen ruhten, sie tätschelte, um dann mit heftigem zupacken ein horizontales erstarren der nippel zu erzeugen, als mit zunge und zähnen er sie begriff, da glaubte ich noch, das dies zur gegenseitigkeit gehörte, die ich Benedetta schuldete; jedoch schien solches keineswegs deren absicht, denn sie strebte nichts weniger an als eine von seinem trieb ungestörte behandlung ihres eigenen, und also sollte er so, durch mich erregt, erigieren und vor uns masturbieren, und dann befahl sie ihm, das er sein sperma über die delikatesten speisen auf dem tisch, die, während wir davon schmausten, er nur mit dem auge hatte geniessen dürfen, zu verspritzen.

Wenngleich ich Benedettas aufforderung dazu auch als ein geschenk verstand, das sie mir mit dem dichten anblick eines lebenden bildes machen wollte, so entschied ich mich doch dafür, nicht unmittelbar der kopulation dieser menschen beizuwohnen und verliess also das haus, stieg den deich hinan, setzte mich nieder auf einer höhe, die mir einen guten blick ins hausinnere gewährte, und erblickte also Benedetta, sah ihren weissen körper in erwartung des dunkelhäutigen mannes, sah leger ausgestreckt sie in den kissen liegend, sah, wie unerregt er sein handwerk tat, sah ihn sie berühren, den dildo mit den exzessiv breiten rillen in sie hineinschieben, und hörte, obgleich ich nichts derartiges zu hören in der lage war, über dem schmatzenden geräusch, das seine zunge zwischen ihren gespreizten schenkeln erzeugte, Benedettas stöhnen, erblickte ihren leib in wollust, und legte mich ins gras, augen halb geschlossen, und fügte, unter der lust, ganz leicht wörter zu sätzen, um jene andere geschichte zu beenden, in der ich, nach des tages arbeit bei einem kühlen bier zu hause sass, zufrieden über einen gutteil von arbeit, und wo mir wohlig gewesen wäre darob, und dann –von irgendwo UNTERWEGS- plötzlich MrSECRET, und meine lippen hätten die seinen berührt, leicht reibend und leckend hätte ich sie ihm geöffnet, so, wie ich es gern habe, dieses leichte geöffnetwerden der lippen mit der zunge, die zungenberührung der zähne, das zarte eindringen der zunge in den mund, die zärtlichen zungenbegegnungen, und ich hätte meinen körper an den seinen gedrückt, hätte ihn platz nehmen lassen, hätte seinen nacken massiert und seine ohren an den kopf gedrückt, meine hände zu seinen brustwarzen hinuntergleiten lassen, gefühlt, wie die unter dem druck meiner finger erigierten, hätte den geruch seiner achselhöhlen wahrgenommen, und dann hätten wir vino getrunken, rosso, und gegessen, pasta, und danach rohmilchkäse, und dann hätte er mit der hand mein stoppeliges zwischenreich berührt, hätte versucht, seine hand ins loch zu tun, was jedoch nicht gelingen konnte, da das viel zu eng ist für eine ganze hand, dann hätte er eben nur gerochen, sie geleckt, mit spitzer und breiter zunge geleckt, den anus und sehr ausgiebig das segel, und wenn es gekommen wäre, wenn alles schon am fliessen gewesen wäre und am schwingen, da hätte er sich hineingestossen, so als sollte es um zerreissung gehen, und er hätte obszöne wörter gesagt, das er eine kleine hure fickte, der er es zeigen wollte, und dann wäre es ihm gekommen, und er wäre liegengeblieben, drauf und drinnen, und erst nach einer weile hätte er sich gelöst von ihr, und ich wäre aufgestanden, hätte sein kastanienblütiges die schwarzbestrumpften schenkel hinunterrinnen lassen, hinunter die beine, damit es dort trocknete zum anblick einer wunderbaren er-schöpf-ung im weibe.

UND WEITER. VOM MEER HER

Die abendgesellschaft also sah Chaim zusammen mit Tarak, einem bodyguard und, wie man erzählte, seinem engstem freund; und wie bei seinesgleichen hier inzwischen üblich, trat er nicht als citoyen in erscheinung, sondern in der haltung eines "auserwählten".

Entgegen allem äusseren schein spürte ich irgendwie, das er der empfängnis eines gütigen zeichens meinerseits entgegengierte, das er also gar nicht so selbstgewiss war, wie er sich seinem publikum gegenüber gab, das auch hier, wie gewöhnlich, wenn er es scharf ansprach, verstummte, sich innerlich abwandte.

Welch ein fressen wäre ein CASE, der ihn im mittelpunkt sähe.

Ich nannte also honorarsumme und meine präferenzen. Und er erklärte sich einverstanden, mit beidem.

Also gut, gut für mich.

Zu dritt dann verliessen wir die party und schlenderten, smalltalkend durch den park, und bei der SEEPERLE wählten wir einen abseitigen tisch und bestellten helles bier.

Ich hatte mit festem blick auf Chaim seinen autoschlüssel vom tisch gefegt und ihn zwischen den kieseln unter meinen lackschuhen vergraben, und ich sah, wie er Tarak stumm bedeutete, niederzuknien, um danach zu suchen, während dessen er mir von der Kleinen M erzählte, die ihnen umso verfügbarer geworden war, je mehr wissen über sich selbst sie ihr entzogen hatten.

Inzwischen hatte Tarak sich meines linken schuhs bemächtigt, hatte ihn, in schmeichelnder behutsamkeit, in beide hände genommen, über sein gesicht geführt, über die Stirn, die wangen, die nase, war mit den lippen über die sohle gefahren.

Fasziniert beobachtete ich sein antlitz, das mit katzenhafter sinnlichkeit an dem schwarzen lack des schuhs sich rieb, wie mit der zunge er die spitze des absatzes probierte, sie in den mund hineingleiten liess, mir den schuh wieder anpasste, indem er dem fuss eine hin- und herbewegung aufzwang, die sich ins bein fortpflanzte und die säfte meines körpers zum fliessen anregte.

Während Chaim über die Kleine M sprach, mit langen pausen zwischen den sätzen, deren sinn sich mir trotzdem nicht erschliessen wollte, denn ich tauchte gerade wollüstig

meine schwingungen in Taraks mund hinein und zog, glänzend von spucke, den absatz wieder heraus, und erregt vibrierend stach ich wieder hinein und wieder und wieder. Ich.
Vor meinem hause angekommen, bat ich die beiden männer zu mir hinein, auf ein gläschen Champagner, und mir ward nicht widersprochen.
Ich stellte also gläser bereit und forderte Chaim höflich auf, das uns serviert werde; und willig also begann er mit dem ausziehtheater, sehr heftig schubste und boxte er Tarak, öffnete dessen hose und riss den ledernen gürtel aus den schlaufen, dann griff er mit einer hand, während sich Tarak seines hemdes entledigte, zwischen dessen beine, stellte übertrieben aus, wie er die eier gleichsam mass und wog, liess den riemen lassoartig über seinem kopf kreisen, um ihn plötzlich dann auf Taraks rücken zu schnellen und auf's gesäss, peitschte brust und bauch, und fetzte ihm zwischen die schenkel.
Da zeigte Tarak sich endlich willig, er zog die shorts aus und ich sah sein glied, das käfiggefangen in einem keuschheitsgürtel steckte, verschlossen mit vorhängeschloss.
So unserem blick preisgegeben, begann er damit, den Champagner zu servieren, und auf einen wink von Chaim hin, liess er sich dann zu unseren füssen nieder, mit uns zugewandtem hochgereckten arsch, ganz in erwartung, ganz nach meinem gusto, sagte Benedetta, und als Chaim sich in stimmung getrunken hatte, streckte er aus der hose heraus Tarak sein glied entgegen, woraufhin dieser zuvorkommend und geschickt die lippen darüber rundete, und Chaim eine hand auf Taraks nacken legte, um mittels leichter impulse das auf und nieder von dessen kopf zu lenken, und als er wohl spürte, das die bewegliche wirkung von dessen fleischiger zunge ganz bald sich in ihm ekstatisch äussern würde, begann Chaim damit, Taraks kopf und rücken in wütender heftigkeit mit den handkanten zu betrommeln, und dessen kopf wieder packen und ihn mit beiden händen zu halten, um dessen bewegungen anzuhalten, und ihn wieder von hinten nach vorn, von vorn nach hinten gleiten zu lassen, je nach den erfordernissen seiner lust; schliesslich sprang er auf, bemächtigte sich des ganzen körpers von Tarak, stiess ihn über die lehne eines meiner ledersessel, und, mon dieu, diese männer, fickte ihn brutal ins arschloch.
Die autopsie der Leiche, sagte Benedetta, habe ergeben das die Kleine M eines natürlichen todes gestorben war, wovon Max sie sofort unterrichtet habe, und sie werde nie erfahren, glaubte sie, sagte Benedetta, inwieweit dabei Max sich ins spiel gebracht

hatte, um den anderen gutachter zu "überzeugen": vielleicht dank ALTER verbindungen, vielleicht wegen der prominenz von Cham; und also in der gewissheit, das ein mandat nicht gewährt zu werden brauchte, weil es einen CASE nie je geben würde, traf eine woche nach diesem abend, sagte Benedetta, ich mich nochmals mit Chaim, der bezüglich des standes der ermittlungen zu diesem zeitpunkt wohlweislich im ungewissen gelassen war.

Während des aperitifs habe sie langsam das linke knie entblösst, um mit einem detail anzudeuten, wie den ablauf des abends sie sich vorstellte, sagte Benedetta, das sie sich anschickten, das agnostische ritual wie vor zig Jahren, als ob zeit nicht vergangen wäre, zu wiederholen, wie damals, als seine sinnlichkeit sie so entzückt hatte, und eine erlösung ihm nicht gewährt werden durfte.

Rituale der Grausamkeit!

Mit nun angenehm leiser stimme, scheinbar ganz reflektiert und bezaubernd, begann Chaim also, ihr eine version der geschichte zu erzählen, eine geschichte, die, vermute ich, sagte Benedetta, in gänze gewiss nicht die der Kleinen M sein würde, die vom meer her gekommen war, mit herrlicher gestalt, sprechenden augen und schwebendem gang, eine meerfrau, stumm, der jeder schritt, den sie tat, ein messerscharfes martyrium sein musste, als ob blut flösse.

Eines tages war Tarak ihrer am strand ansichtig geworden, angesichts zu angesicht vor dem sommerlichen meer, seine schmeicheleien hatte sie wie selbstverständlich, stumm, entgegengenommen, und sie war ihm gefolgt.

Und weil sie bleiben wollte, musste sie also dienen lernen, dienen nur einem einzigen gotte, der zuerst aus Taraks mitte sich ihr präsentierte und tagnächtliches bedienen erforderte: ihn sehen und verstehen lernen, mit dem mund gott aufnehmen und zugleich zeichen von genuss absondern, insbesondere dann, wenn absolut HERRisch er in sie drang; und selbstverständlich oblag so etwas wie sühne dafür nur ihr, ein REINIGUNGprocedere, damit gott in HERRlichster unbeflecktheit, darin waren sich Tarak und Chaim einig, atmen konnte; und natürlich gottes früchte, die im bauch der Kleinen M entstanden und entbunden werden mussten und als waisen in die welt der väter gingen, selbstverständlich.

Hier photos von ZEUGENDER besessenheit: die Kleine M gefesselt ans kreuz, dem blick jedermanns preisgegeben, freigegeben ihre fotze zur beliebigen benutzung; und hier bekleidet mit schwarzen stiefeln in fötusstellung; kopf nach unten hängend mit ans kreuz gespreizten beinen, hochschwanger.
Einmal mit dem teufel gegessen, sagte Benedetta, heisst ja wohl, ihm auf ewig verbunden sein, nicht wahr.

A PASSAGE TO AMERICA

Vom NEUEN Deutschland, wo fortgesetzt denselben die kriegsfolgen aufgebürdet werden, hatte sie mittlerweile die schnauze voll; diese grossdeutschen, diese BELESENEN biedermänner, die, obwohl der gesellschaft der besitzenden TOTAL eingepasst, zur beschreibung ihres daseins den ausdruck KAFKAESK verwenden; zyniker; und eine kulturfeindliche politikerclique, die kasse macht mit steuergeldern für das üppige eigene KLEINE leben; eine senatorin auf ParteiTicket, die durch gar nichts, wirklich nichts, hatte sie höhnisch ihr zu verstehen gegeben, erschüttert werden kann in ihrer sicheren ParteiPosition der grossdeutschen GERECHTIGKEIT.

Derlei windige schwarzrote, lug-und-schnupper-DEMOKRATEN, die sich nicht willens zeigen für die geschichte der deutschen einzustehen, aber an StatementAblassTagen sich selbst schamlos in szene setzen, indem sie vor denkmalen der toten, die an der Berliner Mauer erschossen wurden, also auch für ihren bruder, gedenken zelebrieren, die hatten ihren historischen gleichmut aufs extremste herausgefordert.

Zu ihrem besitz schliesslich gehörte eine MAKAROW, und beim saisonalen anbaden sollte Ingridpunkt abgeknallt werden.

Plötzlich dann aber war ihr das ziel problematisch geworden, wohin denn wollte sie treffen, Beine und Arme waren ein schwankendes ziel, zielverfehlung also von vornherein, mitten im flug vom dreimeterbrett zwischen Ingrids beine zielen, das wäre zu offenkundig gewagt, magen und galle waren als ziele zu banal, das herz symbolisch zu abgegriffen, der bauch zu obszön, das gehirn eignete sich aus ästhetischen gründen nicht, wohin also?

Fest stand der termin, am 13. August würde es geschehen; freundinseits hatte an dessen vortage sie vorsorglich die anzahlung einer passage entrichten lassen.

Die TAT war eine arbeit von sekunden, sie sprang, als die parteigrössen an der kranzabwurfstelle angekommen waren, aus ihrem versteck hinter den TOTENgedenktafeln hervor und auf die senatorin zu, und, mit dem fleischmesser, ruckzuck, schnitt sie ihr, wer nicht hören will, muss fühlen, ritschratsch, ins rechte ohr.

In dem darauf folgenden tumult tauchte sie, die Jacke einer markenfirma von den hüften über die schultern ziehend und zugleich das blut von ihren händen ins ärmelfutter wischend, im prominenten publikum unter, ganz unbeachtet, und der vorwand, sich übergeben zu müssen, und kaltblütig gegenüber einem polizisten vorgetragen, genügte, das sie unerkannt und unbelästigt einfach weggehen konnte.

hals über kopf war ihre sache nicht, eher geplantes risiko, und so hatte sie, die dank der politik des senats ohne arbeit und einkommen war und ihre wohnung nicht mehr halten konnte, als folge ihrer tat auch die möglichkeit des gefasstwerdens gedanklich einbezogen und sich in der stadt der horrenden mieten für einen mietkostenfreien aufenthalt hinter gittern eingerichtet, was in beiden fällen bedeutete, das fast alles greifende des besitzes zurückgelassen werden musste, nur das notebook natürlich nicht, und ein paar bücher hatte sie eingepackt und die klamotten, die in den saxoline-light passten.

Immer hatte sie es eigentlich so machen wollen, immer hatte ihr das vorgeschwebt, alles bei sich haben, von einer stunde zur anderen aufbrechen können, fest entschlossen, keinen besitz zurücklassen, nicht zurücksehen, und leben dort, wo sprache heimat ist.

Doch hatte allzeit die wohnung sie bedrückt, das bücherregal, die bücher, das bett, das ihrer wirbelsäule gefiel, nein, so leicht trennt man sich eben nicht.

Hinter der gardine ihres hamburger hotelzimmers mit seeblick sass sie am notebook und bilanzierte noch einmal und nahm -nebenbei- einen lärm aus dem nebenzimmer wahr, der sich verstärkte, gekrache und gepolter, das zu ihr drang, von nachbarn, mit denen sie denselben balkon teilte.

Eine frau und ein mann, die, wie es schien, sie als publikum ausersehen hatten, um voreinander emotional sich gehen zu lassen.

Zuerst also die frau auf dem balkon, sie nahm deren zurechtgemachtsein wahr, ein bild aus ganz und gar männlichem auge: schulterlanges mittelblondes haar, volle ausgemalte lippen, in hohen absatzschuhen auf langen beinen ein sehr schlanker körper, die bluse offen, das bodytop über straffe brüste mit hervorstehenden nippeln gezerrt; und obwohl die person eine perfekte performance von geschlecht bot, hatte sie, dachte sie, anscheinend an sich nicht einlösen lassen wollen, was ihre zurechtmachung dem männlichen begehren versprach; sie hörte gegenstände zu boden fallen und türenschlagen.

Nach einer langen weile, sie hatte intensiv weiter an ihrem text gewerkelt und den zwischenfall fast vergessen, trat in undershorts ein mann auf den balkon, gleiche grösse, gleiches alter wie die frau, fünfzehn jahre jünger als ich, dachte sie, und sie konnte sehen, wie er hand an sich legte, und ein leises stöhnen hören.

In der nacht dann aber blieb es sehr ruhig im hotel, bis um sechs schlief sie, hatte auf dem zimmer ein angenehmes frühstück, las noch ein wenig, schrieb noch ein paar worte, und dann machte sie sich auf den weg zum schiff, das sie nach Amerika bringen sollte. AMERICA.

Lange brauchte es nicht, bis sie sich eingerichtet hatte in ihrer kabine für sich allein; ohne sich um die turbulenzen einer schiffsbesteigung durch aufgeregte passagiere weiter zu kümmern, sass sie im langen weissen shirt mit dem schwarzen aufdruck *Zehn Deutsche sind natürlich dümmer als fünf Deutsche* bequem in den sessel geschmiegt und las zeitung, las amüsiert die kundtuungen von als prominent geltenden menschen, fast nur männer also, zum wünschenswerten deutschen literaturkanon, was schliesslich zum ausserordentlichen ermüden ihrer hirnrinde führte. Vom steward liess in der kabine sie sich brunch servieren und schlemmte so ausgiebig, bis ein wohlgefühl sich einstellte, welches ihr auf der breiten liege und in frischem bettzeug einen ausgiebigen mittagsschlaf bescherte; und es war fast fünf, das schiff hatte längst abgelegt, als sie benommen aus tiefem traum erwachte.

Ausgeruht und gut gelaunt rief sie nun im notebook ihren neuen text: EUTOPIA- von der diskette herauf und schrieb an ihm in intensität weiter, die verlorenes zeitgefühl ermöglichte, weil sie sich tief und lange fallen lassen konnte ohne störungen befürchten zu müssen und das abreissen des gedankenfadens.

Daraus entstand ihr ein euphorisches gefühl mentaler befriedigung und gleichzeitig eine physische spannung, deren lösung sie noch aufschob, mal sehen, was der abend bietet.

Dinner bestellte sie wiederum beim steward, der es nach kurzer weile brachte, zur begrüssung ein mahl für den gourmet und champagner, was beides nun nach unterhaltung verlangte, nur noch zwei stunden bis mitternacht, und so begann sie sich anzukleiden, in massen wollte sie sich vergnügen, spass haben an deck, vielleicht mit einem mann.

Über einen enganliegenden schwarzen rock zog sie ein lockeres grau-schwarzes seiden-T-shirt und darüber ein LederBustier mit raffinierter busenschnürung und reissverschlüssen über den brüsten, welchselbiges zu enthüllen und zugleich zu verdecken eine bordeauxrote jacke aus seide in dienst genommen wurde.

Es war schon fast zwölf, auf den gängen zum deck begegnete sie niemandem, oben angekommen lehnte sie sich gegen die reling, neigte den kopf gen himmel und nahm eine tiefe nachtbrise, was ihre zufriedene vergessenheit nur noch weiter steigerte.

in den vergnügungsräumen sassen die menschen paarweise; dahin, wo sie als single sich wohlzufühlen entschlossen war, das pflegte sie dem gehör nach zu wählen, und richtig, tangomusik zog sie in die kleine bar, in der es einige plätze am tresen gab und ein paar sesselchen um zweidrei tische herum.

A MEDIA LUZ, wie oft hatte sie das gespielt, zuerst auf dem instrument geübt, dann zum vergnügen der klassenfreunde, die tanzen wollten, als alles noch live war, und ihre abneigung schliesslich, sie wollte nicht mehr den anderen aufspielen, sie wollte selber mittanzen, und noch jetzt, obgleich das stück von der CD kam, nahm der starke rhythmus sie so gefangen, das sie den boden erzittern fühlte, und, fast zugeschüttet von pubertären emotionen, betrat mit *RODRIGUEZ PENA* sie die bar, die sie, dessen war sie auf der stelle gewiss, in den nächsten wochen zu ihrem bevorzugten nachmitternächtlichen aufenthaltsort machen würde, wegen *TANGOMANIA* natürlich, aber dann auch noch wegen VomFläming, was ihr jedoch erst später klar werden sollte.

Die blonde frau aus dem nachbarzimmer des hamburger hotels, Alexis VomFläming, sass hier, in einer nische zwischen bar und fenster, und, dachte sie ein wenig angeekelt, wieder in einer perfekten performance von weiblichkeit; bei einem daiquiri und zu geisterstündlicher zeit sass die also konzentriert da und las, las den aufmacher des grossdeutschen wochenblattes aus dem norden: bücher für das ganze leben.

Sie selbst setzte sich an die bar und liess sich vom dunkelhäutigen barkeeper einen BACARDI Pina Colarda fertigen, den sie genussvoll austrank, dann ging sie zu Alexis tisch und fragte spöttisch, was deutsche schüler denn nun lesen sollten, woraufhin die ihr den titel eines buches entgegenhöhnte, welches DAS buch wäre, das DER deutsche abiturient gelesen haben sollte, woraufhin sie wörtlich hamburgerwochenzeitung zitierte: "der erste Roman für einen GESUNDEN Jungen".

Sie bat Alexis, platz nehmen zu dürfen, und, nachdem sie einander sich vorgestellt hatten, waren sie schon bald in einem Gespräch versunken über kulturelle überlieferung, das auch den namen eines Weimaraners zum Gegenstand hatte, insbesondere dessen urteil zur beförderung einer jugendlichen kindsmörderin ins jenseits, und Nuria Quevedos gemälde *DAS PAAR*, und über literatur sprachen sie, und mehrmals und wieder fielen namen wie Holder, Sexton, ES aus Schulzenhof, Jelinek.

Die ganze zeit über war tango in der bar gespielt worden, und irgendwann später versuchte sie, Alexis auf die winzige tanzfläche zu ziehen, was mit erheblicher anstrengung ihr auch gelang, aber wunderlicherweise konnten sie sich dort nicht über die figur einigen, wie sie jeweils tanzen wollten, ER oder SIE, figuren, die beim tango nun mal festliegen, und weil sie Alexis ERwehr spürte und sie selbst SIE geniessen wollte, gab sie den plan, einen perfekten tanz mit ihr hinzulegen, flugs auf.

Ziemlich erregt lehnte sie sich nun mit dem rücken an die bar, drehte sich dann halb zum barkeeper hin und erkundigte sich nach angeboten, die ihren wünschen entsprechen mochten, und sie handelten gleich auch einen preis aus, der für DM-verhältnisse gering war, wenn das geboten würde, was sie erwartete.

Sehr bald tauchte ein mann von mittlerer statur auf, einer, der, wie er beim Daiquiri sich vorstellte, aus Jamaica stammte und auf dem schiff den gästen zur verfügung stand; coram publico: Alexis!-, der alsbald schon er unbesorgt ihren rock hochstreifte, sie mit der flachen hand auf der vulva hart gegen die barwand stiess, um dann beidhändig und ruckartig ihre grossen lippen auseinanderzuzerren, zum schlotzen sich vor sie kniete, und nur eines kurzen momentes bedurfte es dann noch, bis vor lust sie aufstöhnte.

Während alle anwesenden, also auch Alexis, den anschein spielten, als wäre nichts geschehen, trank sie noch einen letzten PINA COLARDA und machte sich mit BYEBYE und schon ein wenig taumelnd auf den weg zu ihrem schlafplatz, wo sie ungestört bis in den späten morgen in Morpheus' armen lag, dann sich ein brunch servieren liess und am text weiter- und weiterarbeiten konnte, ohne schreibhemmung, so das sich ihre laune besserte, die von tag zu tag noch euphorischer wurde, insbesondere nach den nächten, die sie nun fast immer auf gleiche weise zu verbringen pflegte; zuerst abends also das dinner, dann die tangobar, ein gespräch mit Alexis und alles weitere.

Wenn um drei uhr die bar schloss, dann ging danach sie noch ein wenig auf deck umher, weil sie glaubte, es sich verdient zu haben, das sie sich verwöhnte, schliesslich hatte sie entschlossen gehandelt, und sie hatte diese passage geordert und war an bord, und auch EUTOPIA war gewachsen, und gesprächsweise hatte sie oft sich sehr vergnügt:

Es sei ja nun wohl bewiesen, hatte sie behauptet, das es eine revolution der pfaffen war.

Ja, hatte Alexis erwidert, die haben die proletarischen schafe Mercurius zugeführt.

Damit gott, hatte sie erwiderte, ihnen richtig das fell über die ohren ziehe.

Eines jedoch wollte sie gewiss nicht, keinesfalls sollte Alexis jemals voyeurin ihrer wohlgefallens sein.

Deshalb hatte sie eines nachts den barkeeper, der, wenn mitternächtliche beobachtungen ausreichen sollten, das zu schätzen, kein ganz junger mann mehr war, aber zu spontanem spiel, wie sie es sich dachte: auf nächtlichem meer von fremden sternenwelten gestreift-, durchaus geeignet, und das vielleicht sogar ohne das er eine rüde sexistische phantasie heraufholen musste, die allein ihn kommen machen konnte, ihn also hatte sie angesprochen, und da auch sein preis bescheiden war und er ihr gefiel, nahm sie ihn, und sie wollte, weil sie sich vorstellte, was zum cunnilingischen begehren er ihr tat, diesen bei jeder neuen begegnung um fünf prozent erhöhen, wodurch sein karges entgelt in der tangobar des luxusschiffes gut aufgebessert würde, was ihn veranlasste, zustimmend den arm um sie zu legen.

Wenn in den frühen stunden des tages sie dann ihrer unterkunft langsam sich näherte, erregt und trunken, nahm sie aussenreize kaum noch wahr, und so kam es, das gegen ende der langen reise eines nachts, sie hatte nichts auffälliges wahrgenommen, jemand auf dem weg zur kabine ihr folgte, und war mithin ganz überrascht, als sie sich umarmt fühlte, von hinten hände ihre brüste krallten, ein harter atem ihr ohr streifte, beissende zähne sich in ihren nacken schlugen.

Es war Alexis, die jetzt, wie es schien, ganz ohne berührungsängste, sie umklammerte und in ihre kabine zerrte. Dort, wo mild das orientierungslicht brannte, gegenüber dem ankleidespiegel, lehnte mit dem rücken sie sich an die wand und zog, langsam die dimension ihres bauches ertastend, sie an sich, so das ihrer beider blicke auf fast gleicher höhe reflektiert wurden, und plötzlich, da erkannte sie ihn, der schöne VomFläming, im dämmernden nachtigalldüster berührt sie seine hand, seine schönen hände, wie sie den rock ihres kleides behutsam hochschieben und den stretchstoff in der unteren bauchfalte festklemmen; die schwarzen spitzenränder ihrer strümpfe, erst den einen, dann den anderen, zieht er bis zur falte zwischen bein und körper, so das sie ihrer glatten vulva weisses fleisch dazwischen rundgewölbt aufscheinen sieht, ein blick-entzücken, das gletscherblau seiner augen, der sinnliche mund.

Das band der busenschnürung reisst er auf und legt seine hellen hände, legt sie auf ihre weissen weichen brüste, und inmitten der rosa höfe werden die rosa nippel starr und treten hervor, als wollten sie neuem leben nahrung geben.

Diese berührung, das spiel der sinne, was es IHR bedeutet: kneten, drücken, beissen, pressen, zerren, schlagen, saugen; und erweitert, ihre grossen lippen auseinandergezerrt, im spiegel ansichtig, die clit gross und starr sich spreizend; eine zunge, die berührungsschauer auslöst, ihren ganzen körper zum erzittern bringt, und dann eine ihrer geheimen sehnsüchte, es dringt ein in sie, rücksichtslos, schlägt sie, peitscht sie, wasser strömt aus ihrem körper, und, unter den bewegungen des anderen sich entspannend, so schwerlos schwingend im gefühl, bis er gezügelt auf ihr liegt.

Unter den fünf Passagieren, die das schiff auf Kuba verliessen, waren eine attraktive blondine, ein älterer jugendlicher mann an ihrer seite sowie eine interessante dunkelfarbige frau in legerer kleidung, die, und verdammt will ich sein, wenn die nicht dem keeper aus der tangobar sehr ähnlich gesehen hat.

SEATTLE VIA LENINGRAD

Januar 1998

Dear Phil, mit Seattle wird es vorläufig nichts, wieder nicht und wieder nur, weil es an kohle fehlt, nicht am visum diesmal, heutzutage liegt eben alles am am zunder. Stell dir nur vor, das ich inzwischen preise im kopf gespeichert habe und sie vergleiche, von geschäft zu geschäft, und ich wähle selbstverständlich das billigere angebot vom selben im billigeren shop nebenan. Pervers.

Mein Unglück!, dieser lehrberuf; immer wieder ekle begegnungen mit pädagogischen wissensverwalterinnen, die distanzlos als kopistinnen deutscher normerfüllung und moralischen gleichschritts figurieren; sehr zynisch die Berliner schulsenatorin, eine UNpolitische (PARTEIticket)person im politikgeschäft der nachwende, der lebenszirkusmässig ich filigran die äffin spiele, und die von meiner artistik der jobgewinnung sich herrschaftlich so amüsiert zeigt wie Marie-Antoinette.

Selbstverständlich hat das wirkungen: die neuGROSSdeutsche erzählung zwingt mir einen blickwinkel auf, unter dem pluridität zu verschwinden droht.

Die ZWEITE moderne beginnt also wie die erste mit einer forcierten kapitalakkumulation, die an ein Europa der pluriduen nicht mehr denken lässt; es hat herrschaft der EUROPÄISCHEN banken begonnen, die zwei drittel der bevölkerung nordeuropas dem mangel ausliefern.

Unter der voraussetzung DER FAKTanerkenntnis, das ich, angesichts neuester AKKUMULATIONSLOGISCHER primitivierung Europas durch die KapitalKlasse, eine vielfältigkeit weder leben noch in meinen memos, wie du es vielleicht erwartest, erzählen kann, überlasse ich dir vertrauensvoll, was ich zwischen November und dem 15. Dezember 1997 als randglossen zum texte der zeit notiert habe; it seems to have become an ESSAI, or doesn't it.

Samstag, 1. November 1997

DIE REISE NACH FRANKFURT bearbeitet, immer wieder um und um. Dreissig exemplare meines buches sind von TRIGA gekommen, ob ich die jemals verkaufen werde?

Habe mir Bizets symphonie in C gegönnt und die Mullova mit den Paganini-variationen.

Dienstag, 4. November 1997

Mein denken ist besetzt von den überlegungen des motivs einer gesprächstherapie, damit keine krankschreibung NOTwendig wird. Meine psychische situation scheint mir vergleichbar mit der einer frau, die katholischen fundamentalisten gründe für eine abtreibung darlegen soll, obgleich sie weiss, das ihr kein bonus gewährt wird. Reicht mein alter als bonus aus, ist meine situation einem anderen überhaupt darstellbar, kann sprachlich ich etwas rüberbringen, ohne mich zu entblössen.

Ich brauche "therapie", um mein überflüssigsein, das mir eine fremde entscheidung (finanziell) aufzwingen will, entweder anzunehmen oder abzuwehren. Wie überzeugend kann ich sein, ohne das ich verpflichtet bin, emotionen einzusetzen, um einen anderen zu "überzeugen", damit ich mein ziel erreiche; ich alles möchte RATIONAL begründet und verstanden wissen; denn, um die struktur des von mir so gestalteten lebens beibehalten zu können, muss eben eine stelle: arbeitsamt oder krankenkasse- zahlen: die miete & nebenkosten, telefon, strom und zeitungen: taz, FREITAG, DIE ZEIT und ein fernsehprogramm; lebensmittel kosten eh nicht viel; und keinesfalls will ich mir ein tägliches bier versagen müssen.

Meine wohnsituation hat nach der rekonstruktion sich wirklich verbessert, und ich will in dieser wohnung im zentrum Berlins wohnen bleiben. Seltsamerweise hatte ich, als von Frankfurt ich zurückkehrte und hier wieder eintrat, ein anheimelndes gefühl; eine oase zum schreiben und leben, gross genug, warm, dusche, balkon, super.

Mit jemandem zusammen zu wohnen, bedeutet ja immer, begründungen her- oder hinreichen zu müssen, einblicke ins denken und tun gewähren; und das will ich NIE mehr. Also ist kampf angesagt,: mit oder gegen den psychologen? Beides ist mir gleich widerlich.

Donnerstag, 6. November 1997

Mit ärzten habe ich ja noch nie glück gehabt, der jetzt von mir gewählte verweigert auch hilfe: er kenne mich nicht, ich schiene ihm ganz MUNTER und nicht depressiv, er könne zeichen von schlafstörungen an mir nicht erkennen, und gegenüber der krankenkasse würde er eine krankschreibung (zu meiner existentiellen sicherung in Grossdeutschland) niemals behaupten. Meine strategie als der direkte weg: MIT DER TÜR INS HAUS-war also ganz falsch. Auch vor einem psychiater musst du ein krankheitsspiel durchhalten, symptome nennen und chargieren, so als ob er nicht in der lage wäre, das spiel als spiel zu durchschauen. "Dr." S. ist in meinem alter, grau, glatze, unattraktiv. Trotzdem, die begegnung war aufschlussreich und bereichernd, ich wurde damit konfrontiert, das meine disziplinierte körperliche und geistige (Alters)fitness sich als ein hindernis darstellt, für die Erkennung meiner derzeitigen psychischen beschaffenheit; vor dem sturz in den abgrund rettet noch immer mich nur selbstdisziplin, wie lange aber noch. Wäre ich Lottchen aus Mainz, die im Oktober 1997 mir auf dem FrankfurtMainBahnhof begegnete, eine frau, die zehn jahre jünger ist als ich und, nach exzessivem drogen- und alkoholkonsum, zehn jahre älter aussieht und zerstört, da hätte wahrscheinlich kein arzt kleinliche (ostdeutsche gewissens)probleme vor einer KrankheitsPrüfung der krankenkasse.

Freitag, 7. November 1997

Mein groll auf den psychologen wächst; tatsächlich hatte ich seit gestern kurze phasen von schlechtem gewissen, das ich überhaupt eine krankschreibung verlangte; aber das gerade ich gewissensskrupel entwickele, zeigt wohl, wie krank in diesem system ich bin, und er auch. Verachtung.

Meine lebensbilanz heute zeigt sich mir ganz und gar positiv, politischer instinkt, der aus der EuropäerInnenPerspektive resultierte, liess richtig mich entscheiden, und zwar anti-kapitalistisch:

1968: kein persönlicher protest gegen die ereignisse in der CSSR, keine suche nach anschluss an die sogenannte freiheitsbewegung von Havemann & Co.

1976: Keine beteiligung am öffentlichen protest gegen die ausweisung des BierClowns, weil dessen primitivmachosprache sofort starke zweifel in mir weckte, das seine sache die richtige sache für mein politisches engagement in der DDR sein könnte.
Um 1989: keine suche nach anschluss an die sogenannte DemokratieBewegung, die mir schon immer als PFAFFENBEWEGUNG verdächtig war, gerade weil ich die in kirchlichen Räumen (Evangelische Akademie in Weissensee) erfahren hatte.
Meine persönliche entscheidungen habe ich umgesetzt, ich bin, ohne die DDR zu diskreditieren, die ich einfach sich selbst überliess, nach WestBerlin gegangen. Vorwürfe, wie sie inzwischen gegen die PfaffenRevolutinäre gerichtet werden, das sie die DDR an das deutsche Grosskapital verscherbelt haben, muss ich mir nicht machen, auch nicht dafür, das ich die GROSSdeutsche erzählung nicht akzeptiere. Ein irgendwie politischer schutzengel hielt immer mich davon ab, anschluss an bewegungen zu suchen; als individuum ging es mir um DURCHSICHT, nie wollte ich mit den gewissenlosen (nazistisch-katholischen) machos der SUPERCLASS Westdeutschlands etwa gemein haben, nie will ich mich gemein machen mit deren interessengeleiteter Deutungsmacht (des Siegers). OK, zwar kann ich beruhigten Auges mich im spiegel der Geschichte sehen, trotzdem aber fühle ich mich beschädigt.

Donnerstag, 13. November 1997

Die Frage der deutungsmacht in Deutschland ist nicht entschieden. Das sie entschieden wäre, ist eine behauptung der (groSSdeutschen) sieger. Deutschland heute ist eine gynophobe klassengesellschaft mit einer androzentrischen SUPERCLASS; unausgesprochen dient die MULTI-KULTI-erzählung den männern der deutschen oberklasse als vehikel zur beeinflussung von männern aller klassen in Deutschland und Europa, damit sie sich von frauen entsolidarisieren, um JobKonkurrenz auszuschalten. Das GLOBALE Kapital missbraucht MULTIKULTUR zur entsolidarisierung der nichtsbesitzenden; mit MULTIkultur wird die besetzung deutschen territoriums durch eine gynophobe kultur des Islam begründet, die die zerstörung des lokalen beabsichtigt im GewinnInteresse des groSSkapitals.

ELITE wäre jene kleine minderheit, die nicht nur kopiert, sondern vor allem verbessert und überwindet. Wer an stelle des althergebrachten besseres setzt, gehört zur LeistungsELITE.
Finanzenverwalter und politiker, medienprominente und staatliche kulturverweser gehören nicht dazu.

Sonntag, 16. November 1997

Um 6.15 aufgestanden, frühstück, bettwäschewechsel, drei waschprogramme ablaufen lassen, alles zum trocknen auf den balkon gehängt, bequem.
Über VON LENINGRAD NACH SEATTLE nachgedacht, Briefadressat ist PHIL&Philip&philosophy.
Inzwischen bin ich schon beim dritten bier, trotzdem fällt mir nichts gutes ein, weil ich nicht ausgeschlafen bin, was geistig mich so träge und unmotiviert macht.

Mittwoch, 19. November 1997

Bis 8:30 gut geschlafen. Frühstück und danach Schubert-Almanach: Schuberts Todestag 1828, typhus und syphilis, geschwächtes immunsystem durch jahrelanges einnehmen von schwermetallmedikamenten (quecksilber zum beispiel).
Nach zehn uhr das dritte klavierkonzert von Beethoven, das ich mir guten mutes geleistet habe, anscheinend steht eine finanzielle sicherung für die allernächste zeit doch bevor; jedoch kann dahingehend erst mich die schriftliche mitteilung vom arbeitsamt wirklich beruhigen: das ich ein finanziell dürftiges, aber jedoch unabhängiges leben nach meinen eigenen vorstellungen (weiter)führen kann, das mir eine GEISTIGE existenz gersichert ist, die auf minimalsten materiellen bedingungen kulturell REICH ist; sinnliche und intellektuelle abenteuer, die weiterhin mir möglich sind, was das bedeutet, kann nur ermessen, wer die Strapazen der JOBausübung für geld kennt, das NICHT-MEHR-BEI-SICH-BLEIBEN-KÖNNEN durch fremdbestimmung; zum beispiel durch LINKE groSSdeutsche schuldogmapolitiker, die katastrophal für kreative menschen sind, und zwar sowohl für die lehrenden als auch für die zu belehrenden (schüler). In mir hat sich ein kalter hass entwickelt gegen das ParteiLobbySystem DEMOKRATIE und gegen die sich diesem system fügenden menschen, das sind lehrerInnen, die mir widerlicher

erscheinen als alle jene, die im sozialistischen (lehrerInnen)kollektiv mir gegenüberstanden.
MEIN HEIMLICHES AUGE 12: Am interessantesten darin die gespräche. Diesmal Laura mit Gerburg, und Claudia mit Hannes und Claudia mit Birgit.
Gerburg über die KRANKHEIT MANN, die sich ihrer meinung nach in der männlichen flüssigkeit versinnbildlicht, denn zu schwach und langsam sind die Spermien geworden, kaum mehr imstande sind sie, mit ihren köpfchen die eihülle zu durchstossen, sie können nicht mehr, können sozusagen nicht ins zentrum vorSTOSSEN, was wohl auch die männliche erkenntnisbewegung betrifft, die mit dieser interpretation ja so gerne verbunden wurde. Es sind also die PseudoÖstrogene (der männlichen VERHÜTUNGshybris), die sich unendlich in die umwelt hinein auflösen, die die kläranlagen ungehindert passieren, aus dem wasserkreislauf nicht mehr rausgeklärt, also, welch ein sprachlicher spass, nicht AUFGEKLÄRT werden können, und ergo die männliche flüssigkeit VERSEUCHEN, diesen HERRlichen körper, der infolgedessen zu seinem weiblichen ursprung regrediert und von nun an bloss noch als KRANKHEIT MANN sich erzählen kann.

<u>Donnerstag, 20. November 1997</u>

Schwarz auf weiss: der bewillungsbescheid für ALH ist eingetroffen, ein paar piepen für miete, strom und wasser, für zeitungen, bücher, fernsehen sowie für die notwendigen lebensmittel; auf klamotten und komfortablere wohnungsausstattung muss ich verzichten, zum beispiel auf einen unterschrank mit geschirrspüler für die küche, auf eine balkon-glasverkleidung, die viertausend mark kostet; meine anziehsachen sind sowieso noch oberklassisch, sie werden auch nicht abgetragen, weil ja keine tagtägliche abnutzung mehr stattfindet: HEIMARBEIT hilft sparen.
Der materiell unkalkulierbare REICHTUM aber, den so ich gewinne, ist unabhängigkeit von irgendjedem für meinen lebensstil, und ZEITZEITZEIT. Zeit für lektüre, zeit fürs schreiben, versinken in zeit; ausserdem zeit zum reisen: vielleicht im nächsten jahr nach Zypern (Aphrodite) und dann mal nach New York. Der katalog FRAUEN REISEN ist erführerisch, in einige der angebote fabuliere ich mich; erleben und schreiben. Wahnsinn. Euphorie. Meinen Freiraum kann ich ausbauen, auch weiterhin, jedenfalls für

einen längeren augenblick bedarf es keiner kompromisse, meine wohnung bleibt mir, ich fühle mich gut; gestern George, phantasie pur, noch heute spüre ich die erregung. Kleines GLÜCK.

Donnerstag, 27. November 1997

Gestern abend DIE SIEGER von Dominik Graf, sehr spannend, korrupte westdeutsche politiker mit mafiabeziehungen lassen morden, lassen nachfragen nicht zu, beseitigen die nachfrager; hier wird unterstellt, es gäbe aufrichtige BKA-leute, dem zuschauer wird aufklärung vorgeführt; in praxi jedoch dürfte das eine illusion sein, weil die beamten fett am geld hängen, träge sind, nur für ihre KLEINE familie einstehen und DEMOKRATIE das sein lassen, was im GROSSDEUTSCHLAND der lobbyisten sie ist: Phrase.

Die DDR-deutschen Arbeiter, die doch wahrhafte demokratie erfahren haben, schenkten ihrem historischen auftrag keinen glauben und liessen ihre eigene existenzgrundlage von den pfaffen(verrätern) zerstören, groSSdeutsch.

Heute ist die novembertagelange wolkenansammlung über Berlin ein wenig lockerer, aus blauen himmelsfetzen führen vereinzelte sonnenstrahlen dem launischen auge schöne luxe zu; jedoch, wenn mein guthaben ich prüfe, dann verdüstert in mir es sich wieder, alles färbt sich schwarzrot.

Zwar ist es ein trost, das ich die wohnung noch halten kann mit dem bisschen geld vom AA, aber das wegen der hohen miete alles andere eingeschränkt werden muss, macht wütend. Alle zimmer, wie ich es liebe, abends hell zu erleuchten, würde, anders als in der DDR, den stromverbrauch immens erhöhen, was wiederum nur der privatisierten BEWAG zugute käme, und dort insbesondere den alten MännerManagern, die sich JahresGehälter von über einer dreiviertel million zahlen, damit sie für ihre jungen blonden anorektischen frauen und ihre ReichtumKlasseKinder weltweit häuser erwerben und unterhalten können; diese egoistischen VerbrauchsMassenMenschen, die nichts zur kultur der nation beitragen und an die nach ihrem tode niemand mehr sich erinnern wird. GRELLE WUT.

MEIN HEIMLICHES AUGE No 12: Hannes, ein intellektueller älterer mann, single, der menschlichen begegnungen von zeit zu zeit nicht abgeneigt ist, ein WunschPartner insofern, als er, wie ich, ein geistiges leben führt; lesen und denken und schreiben geben dem tagesablauf struktur, bücher und bilder sind wohnumgebung, bilder, die du jeden tag neu oder präferentiell siehst, bücher, deren rücken du betastest, deren vorderseite du anblickst, bücher, die sinnlichen genuss bieten; sex und liebe mag er nicht trennen. Ein mensch, denkst du, ein liebhaber, einer, den du beleidigen würdest, wenn du ihm die rolle FRAU vorspieltest, was ja male-defined erotisch (= pornographisch) ist; mit ihm, stellst du dir vor, könnte eine geistig-ästhetische existenz mit voller sinnenbefriedigung lebbar sein. Aber nein. So einen gibt es nicht. Es gibt nur den mann mit tick, den du vergessen kannst. Nach wie vor. Hannes also ist auf den arsch fixiert, auf pobacken, die beiden geschlechtern gleich SCHÖN eignen, findet er, und er glaubt, weil analerotik zum geschlechtslosen tendiere, das der po das signum einer erlösung sein könnte: "Den erotischen Reiz macht aus, das man sich hineinträumt, das man aus dem Geschlecht ausbrechen könnte." Alles hoffen vor der KRANKHEIT MANN scheint vergeblich; diese, die weibliche physis verkennende plattheit, warum sollten frauen denn anal fühlen? Hier wieder wird's deutlich, die täuschung, die frauen abverlangt wird; wenn MAN träumt, dann träumt ER, das MANN ... . Solche sympathischen männer, die intellektuell-reflektiert wirken, auch sie erzählen frauen einfach nur weg, indem sie sie männlich-erotisch vergeheimnissen und nur die verstellten und inszenierten als real WAHRnehmen wollen. Hannes: ein mann meines alters, der noch immer lieber die (undurchschaute) lüge will, die abbildung auf S.56 (eine männliche phantasie von einer frau) spricht deutlich genug, lässt auch nichts weiter als die KRANKHEITSdiagnose MANN zu, der vom wasser seiner erzählerischen hybris schon impotent getrunken ist und doch noch immer nicht besonnen; das privileg, im kapitalismus als MANN zu leben, beHERRscht die tatsache der AllesAusLöschung.

Was zu dessen entmächtigung zu tun? Männliche föten abtreiben, wie in Indien weibliche abgetrieben werden? Auslese betreiben und diejenigen männer privilegieren, die mit an KörperErfahrung reichen frauen (und kindern) erotisch-sexuell leben wollen? Absolut ökonomisch adäquat agieren: Männern kein publikum mehr machen, KLEINEMÄNNERwerke nicht mehr kaufen, nicht lesen, nicht ansehen, und das solange, bis im zentrum des MAINSTREAM beide stehen: frau und mann als menschen?

Freitag, 28. November 1997

Gestern in S&F 6/97 über Tagebuchschreiben., 1972: Höllerer im gespräch mit Canetti, Frisch, Gustafsson, Johnson, König. Bei allem interessanten, was gesagt wird, es talken die männer unter sich, nie beziehen sie König mit ein, nur der moderator H. wendet sich explizit an sie; und nur sie ist es auch, die sich auf zwei tagebuchschreiberinnen bezieht: Mansfield und Reventlov. Die männer beziehen sich nur aufeinander und auf Frisch. In der veröffentlichungspraxis von S&F heute hat sich nichts geändert, in 6/97: eine Frau, Claudia Becker, darf text präsentieren, aber wahrscheinlich nur deswegen, weil er über zwei männer geht: Handke liest Hofmannsthal; eine andere, Marie-Luise Bott, darf einem mann fragen stellen.

Ihnen kein publikum machen, das ökonomische gebot heute!, nichts kaufen-, vielleicht können männer so endlich zu einstellungsänderungen gezwungen werden. ich habe S&F abbestellt, nach über 20 Jahren abonnement.

Weniger Bier, glaube ich mal wieder, lässt am nächsten tag mich besser fühlen, wenngleich ich sicherlich nicht besser schlafe. Finanzielle beklommenheit braucht betäubung, immer noch bleibt die ungewissheit der miethöhe im nächsten jahr und welche weiteren lebens-einschränkungen mir das abverlangen wird. MIST.

Die temperatur heute bewegt sich auf 0 grad zu, ein ekliger wind weht von osten, der himmel so grau, das jetzt, um 14 uhr, fran am liebsten schon LICHT machen möchte, um den augen ihr verlangen nach LUXen zu gewähren.

Gestern abend TICKET in B1. Der satte österreichische moderator schmäht prätentiös die vermeintliche DDR-nostalgie der deutschen ost(zone)bewohner; da kann fran um so besser verstehen, warum heute hier WESTfernsehen nicht mehr eingeschaltet wird; das jahresgehalt des wessi-intendanten des SFB, beträgt mehr als 300.000 mark, wieviel erhält dann wohl besagter moderator! Auch hier: am besten abschalten, fernsehen und rundfunk vergessen, keine gebühren mehr zahlen für die zynische deutsche ReichtumsKlasse.

DIE ZEIT 47/97: Matthias Altenburg über ein mittelmässiges buch einer amerikanischen autorin, das in Deutschland bestseller-fähig gemacht wird von einem grossen verlag, der wie alle deutschen verleger amerikanische buchverhältnisse zwar fürchtet, sie paradoxerweise aber gerade deshalb schafft: literatur in ihrer funktion als gesellschaftliches leitmedium wird zugunsten des grossen geldes ausser kraft gesetzt. Auch hier gilt: wenn nicht gekauft wird, kann das nicht geschehen. Der autor reflektiert nicht seine eigene beteiligung in dieser sache: er rezensiert für GUTES geld, nicht wahr, auf einer seite eines einflussreichen printmediums gerade die bücher, die auf der vorherigen oder folgenden per grossanzeige (geld!) zu sellern hochgeworben werden. Warum beschäftigt er sich, wenn sein lamento ehrlich ist, nicht mit den editionen kleiner verlage, mit meinem buch zum beispiel? Diese widerliche westdeutsche oberflächlichkeit! Im magazin derselben wochenzeitung lässt man häufig eine autorin zu wort kommen, deren photographischem LACHporträt schon die überflüssigkeit ihres jeweiligen textes anzusehen ist.

Nochmals S&F, Sándor Márai, Tagebuch und Erinnerungen: "Ein hartnäckig kluger Mensch ist fast so ermüdend und entmutigend wie ein hartnäckig dummer./ Die grosse Frage ist nicht, was das Morgen bringt. Die eigentliche Frage ist, was das Gestern bringt./ Das Atomzeitalter hat keinen "Leser" und auch keinen "Stil"; es gibt nur Produzenten und Konsumenten./ Solange es keine europäische Sprache gibt, solange gibt es keine VEREINIGTEN STAATEN VON EUROPA. [Das Deutsche scheint ihm imperial/imperialistisch; er ist fürs Italienische.]/ 'Denn es endet heute das dunkle Mittelalter'. Nichts endete, vielmehr begann eine neue, eine NEONhelle Dunkelheit./ Ein "Europa", das die Westler anders interpretieren als wir, là-bas, wie sie uns überlegen und herablassen arrogant nennen./ Aber ein wirtschaftlich vereintes Europa, das sich nicht BERUFEN fühlt, kann keine Weltmacht sein, wie es jahrhundertelang war, als es noch an sich und seine Berufung glaubte."

Bezüglich berufung, schon in HAPPY EXIT O. formuliert, stelle ich auch hier hin:

<u>EuropäerInnen</u>

sind nicht mythengläubig
starren einander nicht an
sind nicht subaltern
sehen männer und frauen als personen
ordnen personen nicht mehr nur familienrelational: der könnte ihr vater sein, die seine mutter, ...
thematisieren nicht das alter von Personen
wissen, das verstand weder alter noch geschlecht hat

haben erfahren, das geist ein erwachsenes alter braucht, dann aber alterslos ist und auch so erscheint: alterative individuen von dreissig können wie fünfundvierzig aussehen und
solche von siebzig wie sechsundvierzig
leben eine geistige existenz
handeln nicht primär materiell
erkennen pluriduen an unvereinbarten lebensstilen
ordnen linearität und homogenität der MODERNE zu
denken nationalsprachlich und regioneneuropäisch

<u>Mittwoch, 3. Dezember 1997</u>

Letzten samstag mit schwindel und übelkeit aufgestanden, wahrscheinlich lebensmittelvergiftung, in geldDeutschland bist du gesundheitlich ja vor nichts mehr gefeit. Kein bier und auch keine lust zur arbeit; bis zum frühen morgen ältere filme gesehen, jedoch was genau, kann ich jetzt schon nicht mehr sagen, nur unterhaltung, um zeit totzuschlagen.

StudentInnenstreiks in Westdeutschland und Berlin, weil die studienbedingungen unzumutbar werden; die uni-bibliotheken haben keine mittel mehr, um bücher anzuschaffen, neuerscheinungen können also nicht mehr wahrgenommen werden, also auch mein buch nicht. Politiker, die diesen Zustand zu verantworten haben, solidarisieren völlig entblödet sich mit den StudentInnen: zynisches geldDeutschland! Und die superreichen stiften nur PRIVAT; aber sie werden noch wahrnehmen, wie geld schmeckt, wenn es auf der erde nichts mehr zu fressen gibt.

In den USA spenden die ERPs (Extremly Rich People), Bill Gates zum beispiel, grosse summen, für den unterhalt von bibliotheken, was letztlich ihnen/ihm wieder zugute kommt; dagegen diese reichen imbecilen in Europa.

Kontroverse aufnahme findet das vorwort eines ehemaligen Maoisten zum SCHWARZBUCH DES KOMMUNISMUS, man schreibt, es handele sich um einen historikerstreit à la francaise. Ein deutscher historiker relativiert: die jahre des terrors in der Sowjetunion seien auf maximal zehn zu beschränken: 1918 – 1922, 1930 – 1933, 1937 – 1938; die opferzahlen auf 15 Millionen; Solshenizyns schätzung von 100 millionen sei antikommunistische propaganda. Zum umgang mit den Kulaken, ihre "ausrottung", wird in der studie hervorgehoben, war nicht beabsichtigt, sie sollten mit dem ziel umgesiedelt werden, andere regionen der UdSSR zu kolonisieren; jedoch die ausführenden an der basis waren unvorbereitet und verhielten sich chaotisch, liessen die KULAKENkonvois in der Taiga stehen, und so starben eben viele menschen.

Sinn&Form 6/97: (Wieder einmal) Mierau über Franz Jung, der ein RICHTIGES leben lebte, wie es scheint, voller abenteuer und ungewissheiten, der aber heute vergessen bleiben soll; Mierau reflektiert Jungs gedanken über den gemeinschaftsrausch, ein phänomen, das dem 20. jahrhundert zum verhängnis geworden ist. Bündisch, völkisch, rassisch, sozial oder religiös, von einer partei, einer sekte, einem künstlerbund oder einer politischen weltorganisation getragen, erzeugt der gemeinschaftsrausch kräfte, die es den berauschten [männern!!] erlauben, ihren begrenzungen in raum und zeit für einen augenblick zu entkommen; da diese gemeinschaften in ihrem rausch sich immer als pioniere der menschheit, gar als prototypen "neuer menschen" begreifen und erlösungshoffnungen aller vom glück gemiedenen zu sammeln glauben, sehen sie unerschöpfliche energiereservoire zu ihrer verfügung stehen; nichts scheint unmöglich; aber im nächsten augenblick schon, der eine bewältigung alltäglicher gegebenheiten fordert, verfliegt der rausch; die kräfte verbrauchen sich in organisationsgrotesken, versprechen sind nicht einzulösen, gewalt füllt dann das vakuum, nun soll terror das erhoffte glück erzwingen. So sind mörderische exzesse nicht als das werk weniger einzuschätzen, gar noch von psychopathen, sondern sie sind das werk von millionen: tödlich tief verletzter. Und nach dem rausch der allmacht wird panisch die gemeinschaftliche ohnmacht erfahren; die millionenfache angst vor dem ungenügen, die nach dem ende des rauschs die abgabe von macht und den aufbau von diktaturen ermöglicht.

Wir kennen das und glaubten es in Europa schon überwunden, aber jetzt steht TALIBAN vor der Tür, der von den DEMOKRATISCHEN westdeutschen/westeuropäischen Männern politisch strikt nicht zurückgewiesen wird: moslemische fundamentalisten erhalten in Deutschland asyl, von hier aus bereiten sie gemütlich ihre terroraktionen vor, zum beispiel in Algerien oder an den ägyptischen grabstätten.

Männer und frauen haben eben nicht dieselben gesellschaftlichen interessen: die bedrohung der lebensweise von Europäerinnen durch den islamischen fundamentalismus ist akut; bei einem regierungswechsel in Deutschland zu Rot-Grün: die gefahr der doppelten staatsbürgerschaft für Muslime, erleichterte einwanderung durch neue gesetze, verkennung der talibanischen gefahr.

Damit Westdeutsche den gemeinschaftsrausch nicht auch noch erleben sollen, ist warnendes eingreifen angesagt, um alte MultiKulti-denkstrukturen aufzubrechen, auch wenn es von den adressaten unerwidert bleibt, zum beispiel mein brief vom 14.November 1997 an einen vom land Brandenburg "beauftragten für demokratische kultur" (mit kopie an arte):

"Sehr geehrter Herr, mit Interesse habe ich gestern auf arte den Beitrag über JUGENDgewalt gesehen und auch Ihre ausführungen über Ostdeutschland angehört. Diskurstheoretisch interessant an der langen Sendung war, wie sich kapitalistische POLITICAL CORRECTNESS der deutschen gesellschaft in einem medium spiegelt, das einen öffentlich-rechtlichen auftrag hat und also unabhängig von politik und wirtschaft zu korrekter begrifflichkeit und information verpflichtet wäre: JUGEND gilt diesem medium als synonym für JUNGE MÄNNER; JUGENDgewalt wird als thema gesetzt, obwohl es um jungeMÄNNERgewalt geht; Frauen sind zu diesem thema im studio nicht zugelassen; trotz unterschiedlicher motivlage wird gewalt als gewalt gleichgesetzt, obwohl die beiträge zu Frankreich und Hamburg vorwiegend die gewalt jugendlicher ausländischer männer gegen ihresgleichen oder Franzosen bzw. Deutsche zeigen. Die gewaltbereiten männer aus dem osten werden bei arte als sprach- und argumentationsohnmächtig gezeigt, was deren absichten, u.a. den weiteren zuzug von ausländern im osten Deutschlands verhindern zu wollen, diskreditieren soll sowie deren scheinbare demokratie-un-fähigkeit, obgleich die gezeigten negativen beispiele aus Frankreich, England und Westdeutschland (Hamburg) hinreichend die richtigkeit einer haltung bestätigen, die sich gegen die vom kapital gesetzte und von politikern umgesetzte entsolidarisierungsfunktion der ausländer in Brandenburg (und Ostdeutschland überhaupt) wendet. Weil (kapitalistische) PC gebietet, die verfehlte, von der mehrheit der deutschen nicht gewünschte ausländerpolitik aus dem demokratischen diskurs auszufiltern, wird es nun diesen artikulations- und argumentationsschwachen (jung)männern überlassen, (deutsche) position zu beziehen, und sei es mit gewalt. Leider, so befürchte ich, ist Ihre in der sendung vorgetragene argumentation, das verhaltensänderung im langfristigen aufbau demokratischer strukturen unter beteiligung dieser männer möglich wäre, eine fehlinterpretation, und zwar insofern als Sie verkennen, das wir die DEMOKRATISCHEN HerrschaftsStrukturen einer kapitalistischen ParteienInteressenProfitLobby bereits haben: eine schule, in die kleine menschen geschickt werden und aus der spracharme MuskelMachos und BarbieFrauen herauskommen; profitabelst etablierte gynophobie; (jugend)arbeitslosigkeit; mangelnde ausbildungs- und kulturangebote, kulturlose primitivität, warenfetischismus; und das soll doch so sein in der DEMOKRATISCHEN klassengesellschaft, schliesslich. Und ist es nicht aufschlussreich, was im (parteienproportionalen) diskursbeitrag eines öffentlich-rechtlichen senders ausgefiltert oder als marginal behauptet oder zum verstummen gebracht wird. Und lassen Sie mich noch fragen, wohin Sie umziehen werden, wenn mit DEMOKRATISCHER politikwillkür in unserem NEUEN Haus in der Ka-strasse die leerstehenden wohnungen an die (kulturell) elenden (aus fernen welten) vergeben werden, die sich nicht an den (finanzkapital)reichen (steuerhinterziehern und/oder billiglohnausbeutern) etwa in Zehlendorf rächen, sondern ihre ungestalte wut an meinesgleichen auslassen: mit schmutz, gestank, lärm, graffiti, gewalt? Mit freundlichem gruss, ". Und keine antwort!

Männer, die über JUGENDgewalt sprechen und eigentlich MÄNNERgewalt meinen, stellen nur eine variante derselben art dar, von der keine änderung kapitalistischer GEWALTverhältnisse ausgeht. Der zivilsisationsgrad der neo-nazistischen männer und der der muslimischen ausländer ist in seiner primitivität wohl vergleichbar. Beide gruppen beteiligen sich aktiv daran, das kulturelle kapital einer politischen aufklärung immer nur weiter zu zerstören. Dieser Herr W. und auch arte arbeiten im herrschaftsinteresse des profitgierigen kapitals, wenn sie, anstatt sich für die erhaltung europäischer zivilisationsstandards zu engagieren, undifferenziert und gesellschaftlich folgenlos JUGENDgewalt thematisieren, und damit die gewalt des TALIBAN (das sind schliesslich fundamentale kleriker aller couleur) in Europa eindringen lassen.

THE CLASH OF CIVILIZATIONS, das ist ein aufeinanderprall der zivilisationen, nicht der kulturen; wer wird daraus wohl siegreich hervorgehen? In Afghanistan jedenfalls haben frauen keinerlei rechte mehr, dürfen ihre berufe nicht ausüben, dürfen nur körper- und sogar gesichtsverschleiert die strasse betreten; und die Männer (als richtige Männer) haben bartpflicht.

Ausserdem zu arte: Diese widerliche, auf "verführung" gestellte dunkle stimme einer ansagerin, die STIMMig kultur ankündigt, obwohl die vermuteten zielgruppenmänner der MainstreamKultur schon längst auf den privaten pornokanälen surfen, so das nur BLÖDE kulturfrauen noch arte sehen, also auch ich, warum dann aber wird mir diese ekle PORNOstimme zugemutet?

Freitag, 5. Dezember 1997

Heute keine gymnastik, dafür training der beinmuskeln: elf treppen runter und zu fuss wieder rauf, ausser atem zwar, aber gutes gefühl.

Das weihnachtspaket für Friederike gepackt; darin vier bände kinderBrockhaus, ein paar hefter, ein rucksack für wandertage, ein stempel mit ihrem namen und ihrer adresse, eine stoppuhr und Dolly, ein kuschelschaf.

Drei CD-neuerwerbungen: Arcadi Volodos; Arminda Canteros spielt Tango; Gidon Kremer: Hommage à Piazolla. Brillante interpreten; tango auf dem klavier gespielt! Von akzente neue bücher, etwas ältere zwar, dafür billiger: Giroud/Levy, Die Männer und die Frauen, Gespräche; Mitscherlich, Die friedfertige Frau; Storr, Die schöpferische Einsamkeit; Wharton, Die Freibeuterinnen

Bettlektüre: Anna Mahlers Erinnerungen; und Berthelsen, Alltag bei Familie Freud, das sind die erinnerungen der Paula Fichtl.

TRIGA teilt mit, das leseexemplare meines buches angefordert wurden. Bin auf rezensionen gespannt. Habe selbst eine angeregt bei einer journalistin des FREITAG, habe ihr eine lesart von HAPPY EXIT.O. angeboten; jedoch diese dickfelligen presseleute! Ahnungslose, die zur eigenen absicherung eine sogenannte autorität über sich brauchen, damit sie es vielleicht WAGEN, eine unbekannte autorin vorzustellen.

Daran sieht fran wieder: der kommerzielle literatur(wissenschafts)betrieb, alles FARCE, die studierten bleiben neuem gegenüber doch/auch URTEILSLOS.

DIE ZEIT vom 28.11.1997, Monika Maron, Warum ich in der DDR Uwe Johnson nicht las; ich hätte, nachdem ich die ersten beiden Sätze gelesen hatte, "Als die "Mutmassungen über Jakob" erschienen, 1959, war Uwe Johnson 25 Jahre alt, und ich war 18. ... Als ich zum ersten Mal ein Buch von Uwe Johnson las, war ich zweiundvierzig, lebte er sein letztes Jahr.", meinem ressentiment folgen und nicht weiterlesen sollen, was für ein mist: "Auf die Auswahl meiner Lektüre nahm ich selbst nur insofern Einfluss, als ich entschied, wessen Empfehlungen ich folgen ... wollte. Ich habe ihn nicht gelesen, weil niemand mir gesagt hat, das ich ihn lesen soll. ... einen Entwurf von mir hatte ich nicht." Schon als jugendliche wäre M. mir sicher unsympathisch gewesen, bestimmt hätte auch sie mich nicht gemocht, und jetzt schon gar nicht kann ich sie leiden, weil ich glaube, das sie geblieben ist, wer sie war, eine eitle person, die weiss, woher beifall kommt, und die ihn provoziert. Obgleich geschichte schon begonnen hat, sich anders zu erzählen, und die frage, ob Johnson gelesen werden sollte oder nicht, zunehmend irrelevant wird, schreibt sie weiterhin für einen kleinen reichtum und für einen kleinen ruhm von gnaden der MedienMächtigen groSSdeutschlands. Antipathien vergehen nicht einfach im laufe des lebens, noch dazu, wenn gleiche verhaltensmuster zu beobachten sind.

Sehr genau ist mir in erinnerung der auftritt dieser von den WestMedien hoch-st(er)ilisierten autorin in der Evangelischen Akademie ende der achtziger; wie sie sich, die zwischen ost und west pendelte, eitel gerierte, fragen des ostpublikums nur ausweichend beantwortete, nichtssagend blieb, obwohl unter dem öffentlichkeitsdruck der westmedien auf die DDR sie nichts an repressalien zu befürchten gehabt hätte; lebenszeitmässig blieb mir dieser (Sams)tag ein verlorener. Es ist das UNPOLITISCHE, das stört, eine sich gleichgebliebene, die als junge frau für männer sich inszenierte und heute dies mit text tut, anbiederische FrauenSchreibe mit kurzem verfallsdatum in der MÄNNERkultur. Mein urteil fällt so (scharf) aus, weil aus eigener erfahrung ich weiss, wer ausser ihnen selber noch zugang zu den zirkeln ERNSTER männer finden konnte. Nur als begleiterinnen nämlich waren weibliche menschen da zugelassen, nie durften sie ein bestimmtes mass an (weiblichem) inszenierungswillen unterschreiten, und egalité schon gar nicht durfte ihnen ein thema sein. Da ich aber einen lebensentwurf für mich hatte, deshalb habe ich weder diese männer noch die frauen dieser männer jemals als potentiell verbündete angesehen, und selbstverständlich auch gynophobe schwule nicht.

Sonntag, 7. Dezember 1997

Gestern abend im fernsehen BAD COMPANY, USA 1994; die fiesen bringen sich fies selbst um, anders als im wirklichen leben, wo die korrupten überleben und reich werden, wie fies auch immer sie sind, und das gerade in den USA mit den ERPs (Extremely Rich People), die sich gerichtsurteile kaufen können oder politiker, die bezüglich CO^2-emissionen den umweltgipfel in Kiyoto destruieren und so Bill Clinton ermöglichen, sich im UNO-mantel als weltgendarm gegenüber dem Irak aufzuspielen. Lobbyisten-DEMOKRATIE!

Danach noch bis zwei Uhr gelesen. Storr über einsamkeit, er reflektiert die unsägliche doktrin der psychoanalyse, das GLÜCK nur zu finden sei in der heterosexuellen gemeinschaft, was ja bedeutet, die gemeinschaft eines mannes mit einer uneigenständigen frau, wie etwa Martha in ihrer beziehung zu Sigmund Freud oder Alma Schindler in ihrer beziehung zu Mahler. Schöpferische potenzen, die im alleinleben liegen, werden von der Freudschen psychoanalyse völlig verkannt. Storr erwähnt nicht das UNGLÜCK, das kreative frauen erleiden, die sich dem dogma FÜGEN woll(t)en; und überhaupt hat er wohl eigentlich nur männer im sinn, wenn er über kreative potenzen schreibt, die MENSCHLICHE einsamkeit und alleinsein bergen.

Heute bis zehn geschlafen, frühstück, zeitungslektüre, dann wiederherstellung von behaglichkeit in meiner wohnung und ein entspannendes duschbad. Jetzt das erste bier, das mir aufregender erscheinen will als jeglicher mann in meinem leben.

Die MACHOpose, wenn im kulturfernsehen (arte) JUGENDgewalt thema ist: Gynophobe (vom immensen GEHALT korrumpierte satte) westdeutsche männer (: Martin Schulze) in den öffentlich-rechtlichen sendern machen unter sich aus, was sie als JUGENDgewalt definiert sehen wollen, und zwar mit gleicherweise sexistischen interviewpartnern, die auch gehalt beziehen für ihre meinung wie der DEMOKRATISCHE W. aus meinem hause, und der meinen brief SELBSTVERSTÄNDLICH bis heute nicht beantwortet hat. Abschalten! Ihnen keine quote bringen, bis ökonomie sie zwingt, sich zu ändern und KLASSIFIZIERTE gesellschaft überhaupt wahrzunehmen, zum beispiel JUGEND (das sind junge männer und junge frauen) im Berliner DRUGSTORE, (nach FREITAG 5.12.1997): "Sie signalisieren mit den bunten haaren und den zerschlissenen klamotten, was sie denken, das sie links sein wollen, keine rassisten, keine faschos, keine machos. Keine gewalt. Wer hier SEINEN MACHOFILM FÄHRT, fliegt höflich raus. Keiner soll unterdrückt werden, auch nicht durch sprache." Richtig wäre hier wohl gewesen, wenn die autorin

CvZ dann auch keineR geschrieben hätte. "Als frau nicht angemacht werden, wozu für Birgit auch die verantwortung für die musik gehört: Sexistische bands wie 'Heiter bis wolkig' spielen hier nicht, auch nicht vom tape. Christian will KEINE ROLLE spielen, sondern er selbst sein, Birgit stellt sich ihre wirkung auf andere vor: Sich nicht verkleiden. Kein nettes kleidchen, keine hübschen schuhe tragen. Denn das BIN DANN NICHT ICH. Ein Sportstudio im vorraum einzurichten, in dem Jungen IHREN MACKERFILM SCHIEBEN, ist für die jugendlichen im DRUGSTORE nicht akzeptabel."

Montag, 8. Dezember 1997

Gestern abend die videoaufzeichnungen vom 3sat-kulturmagazin der vergangenen woche angesehen. Kathy Acker ist im alter von 53 jahren an krebs gestorben. Vorstellung des fotografen Witkacy, der um die jahrhundertwende in Zakopane geboren wurde und dort aufgewachsen ist, eine multiple persönlichkeit, die sich fotografisch in DaseinsMasken, allerdings nur in männlichen, darstellt, also als PLURIDUUM, wie ich es nenne, und das schon lange vor Cindy Sherman. WAHNSINN.
Interessantes Gespräch über probleme der hirnforschung. Ist das ICH: festumrissen, identisch, ein für allemal gegeben-, bloss eine Illusion? Ja, wird gesagt, denn ICH ist ein prozess in ständiger wandlung begriffen, ständig fertigen wir eine erzählung von uns und passen heutiges und vergangenes ihr jeweils ein. Das entspricht meiner auffassung, die ich von mir habe, ICH: das ist die einzigartige erzählung von mir, die ich mich VIELFÄLTIG erzählen könnte, wenn es nicht die grenzen gäbe, die mir die erzählung dieser groSSdeutschen gesellschaft setzt, so das ich mich nicht ganz und gar erzählen kann, also auch von den geniesserischen möglichkeiten des alleinseins und von den sexuellen köstlichkeiten der phantasie, die täglich meinen körper beREITEN, nicht.

Mittwoch, 10. Dezember 1997

PLUSMINUSMAGAZIN gestern abend: neue schikanen ab dem nächsten jahr, die an den bezug von arbeitslosengeld geknüpft werden: vierteljährliche meldepflicht in verbindung mit dem nachweis von bewerbungsunterlagen oder bewerbungsgesprächen, auch wenn alles bewerben von vornherein aussichtslos ist, weil es hier ja keine arbeit

gibt; es verärgert die unterstellung seitens der SATTEN (vom steuergeld bezahlten) politiker, das arbeitslose nicht arbeiten wollten.
Danach noch lange gelesen, die taz und Storr, der psychologische und religionshistorische langweiligkeiten ablässt, die dem titel des buches: Die schöpferische Einsamkeit, das Geheimnis des Genies- gar nicht gerecht werden; das buch ist wahrscheinlich ein (jetzt verramschter) VerlagsSeller, der mit dem titelversprechen geld einbringen sollte; ich habe ihn zu weniger als der hälfte des ursprünglichen preises (16,95 DM) gekauft, was aber immer noch -12 mark- zuviel ist.
In der taz (9.Dezember 1997, Seite 3) eine seite über Bahro, der letzte woche an blutkrebs starb: "Nach der Wende gründet er das Institut für Sozialökologie. Bahro wird professor. Aber nur ein bisschen: Man gibt ihm eine C2-professur und schiebt ihn in die landwirtschaft ab. Wie viele, die gegen das SED-regime gekämpft haben, bleibt ihm die karriereleiter versagt."
Vorletzte seite im Berlin-teil: Türkisches ghetto Kreuzberg: grosse teile der häuser rund um den Chamissoplatz werden von angehörigen dreier familien aus der Türkei bewohnt, die als gewalttäter die bewohner und geschäftsleute in der Bergmannstrasse terrorisieren.
Aufmacher der taz: "Bundeswehr rüstete neonazis aus, verteidigungsministerium gibt zu: Bundeswehr überliess Roeders "Gemeinschaftswerk" LKW, kleinwagen und material. Auswärtiges Amt hielt diesen verein für seriös." Roeders ziele: die germanisierung des raums Königsberg durch ansiedlung von Russlanddeutschen. DEMOKRATISCHE zusammenarbeit: Das Auswärtige Amt und die Bundeswehr, welch beide keinen einzigen bürger der DDR für würdig hielten, in ihrem FÜHRUNGSbereich angestellt zu werden. Es sind Nazis und die kinder und enkel von Nazis, die die groSSdeutsche (herrschafts)realität heute bestimmen.
Und als deren FETTE BEETLES betätigen auch sich redakteure von arte: selbstgewisse groSSdeutsche.

Freitag, 12. Dezember 1997

Heute ist es wolkenverhangen regenfeucht, trotzdem einen langen spaziergang gemacht, besseres befinden, durchlüftet gleichsam.

Gestern einen brief an den Berliner Vorsitzenden der GEW und kopie an den SFB betreffs des beitrages der Berliner Abendschau vom 10.12.1997 zur NICHT-verbeamtung von lehrerInnen, die vor dem 9. November 1989 nach West-Berlin übersiedelten: "Obgleich ich nicht mehr zu Ihrer klientel gehöre, denn verbeamtung von lehrern oder nicht, ist mir ein minderes problem, da ich schon seit 1996 arbeitslose politische idiotin der schulsenatorin Ingrid S. (SPD) bin, scheint es mir dennoch wichtig, das sie kenntnis von meinem fall erhalten, der zu den unsäglichkeiten gehört, die sich politikerInnen dieser stadt ARROGANT-UNPOLITISCH leisten zu können glauben. Alle meine bemühungen um einen unbefristeten vertrag und eine volle stelle als angestellte im Berliner schuldienst sind ergebnislos geblieben. Die NETTEN mitglieder der SOZIALISTISCHEN lehrerkollektive jedoch, denen kleine HEXENjagden auf andersdenkende durchaus NORMAL waren, die sind heute BEAMTE im Berliner schuldienst, ihnen haben die (West)Berliner politikerinnen historisch eben RECHT gegeben."

In einem brief an die ZEIT vom 12.12.1997 bejaht ein leser die integration der hier geborenen "ausländer". Doch warum fordert er doppelte staatsbürgerschaft? Welche argumente stehen dafür. Wesel & Co. ideologisieren die alternative: ius sanguinis – ius soli; sie vernachlässigen aber das ius culturae, das immigrationsseits anzuerkennen für eine "territoriale" gastfreundschaft der kulturen wohl unerlässlich ist.

Die InterBegrifflichkeit KULTURELLES KAPITAL der EuropäerInnen, wie ich es nenne, und IUS CULTURAE.

Zunehmend wird auf den loyalitätskonflikt aufmerksam gemacht, den eine doppelte staatsbürgerschaft birgt und dem (islamhörige) ausländer ausgesetzt sind, weil deren funktion in Europa doch wohl in nichts anderem bestehen kann als der zersetzung der säkularen gesellschaft; welcher staatsbürger Europas, welcher europäische staat darf davor die augen verschliessen, das TALIBAN in Europa wurzeln schlägt. Und mit Seabrook (S&F 5/97) wäre zu warnen:

"Diejenigen unter uns, die protestiert und gewarnt hatten, das die schwächung des sozialen zusammenhalts schlimme und unwiederbringliche verluste wären, hatte man als hemmschuh des fortschritts und des menschlichen wohlergehens diffamiert."

1998 ist BRECHT-Jahr. Kontroverse schon heute. Fuegi, BRECHT UND CO., behauptet, das B. für text sex gegeben hätte. In wirklichkeit war es aber wohl doch so, das er den frauen (Fleisser, Hauptmann, Steffin, Berlau) unentgeltlich sowohl sex als auch text abverlangt hat für ein beteiligtwerden an intellektueller arbeit, deren ergebnisse dann allein unter seinem namen veröffentlicht wurden, und somit seinen (fragwürdigen) erben das RECHT geben, tantiemen sondergleichen einzustreichen.

Was ich bis heute als eine Ent-Deckung Alice Millers hielt, DAS DRAMA DES BEGABTEN KINDES, hat Jeffrey Masson 1984 schon enthüllt in THE ASSAULT ON TRUTH, Freud's Suppression of the Seduction Theory, wie ich bei Berthelsen, Alltag bei Familie Freud, 1987, lese: Masson wirft Freud vor, sexuellen missbrauch an kindern durch familienangehörige wider besseres wissen ... zu blossen phantasien der opfer uminterpretiert zu haben. Freuds motiv dafür war die ablehnung, die er durch die Wiener ärzteschaft erfuhr, der er ein einziges mal seine ursprüngliche these vortrug: das zahlreiche neurosen im erwachsenenalter die folge sexueller belästigung, wenn nicht gar des kindesmissbrauchs seien, begangen von familienangehörigen des kindes. Von den Wiener universitätsärzten wurde Freud niedergebrüllt und ausgepfiffen, sie haben ihn nicht zu ende sprechen lassen; und wahrscheinlich wohl war es dieser eklat, der Freud zu der entscheidenden umwertung "seiner faktischen erkenntnis" veranlasste: das die "erinnerungen" an frühkindliche sexuelle misshandlungen "wunschvorstellungen" seiner patientInnen seien.

Francoise Giroud, DIE MÄNNER UND DIE FRAUEN, 1994: "Niemals, heisst es bei Gilles Deleuze, wird man in der frau eine freundin gewinnen. Denn freundschaft ist die mögliche realisierung der aussenwelt, die ein anderer mann, und nur er, einem schenkt. Und es ist utopisch, ja sogar bekümmernd, wenn eine frau meint, sie könne dieser aussenwelt ausdruck verleihen. Für ihn ist die frau allerdings auch nichts weiter als ein nutzloses wesen, ein luxusobjekt. Diese Philosophen! Früher sprachen sie über die frauen mit amüsierter gönnerhaftigkeit. Inzwischen sind sie geradezu rabiat geworden. Als fühlten sie sich beleidigt von diesen "neuen frauen", deren existenz sie ja leugnen."

Sonntag, 14. Dezember 1997

tazKultur vom 10.12.1997 rezensiert das buch von Birgit Dahlke AUTORINNEN AUS DER DDR – INOFFIZIELL PUBLIZIERT.

Wieder scheint es so, als hätte es keine autorin in der DDR mit einer feministischen perspektive gegeben; denn meine texte sind ja nicht einmal inoffiziell publiziert, existieren also nicht. Dagegen äussern sich immer wieder autorinnen, denen feminismus als chance für das tiefere verständnis der eigenen situation nichts bedeutete, ja sogar eine identitätsGefahr darstellte. Und immer noch behaupten sie dies, obwohl ihre gleichaltrigen autorenkollegen sich textmässig stets als KLEINE dichterMÄNNER artikulieren und nichts als das, und immerfort, wie die KLEINEN SED-herrschaftsMÄNNER, die den autorinnen immer sagten, das frauen nun mal keine gedichte schreiben könnten, das dichter per se männer wären; und so'ne autorinnen haben natürlich auch nie gezögert, dem irgendwie RECHT zu sprechen.

Montag, 15. Dezember 1997

EUROPÄISCHE perversion: Unverstandene körper. Undurchschaute zusammenhänge.

MedizinMÄNNER, die eigene klimakterische symptome: lustlosigkeit, missbehagen, sexuelle apathie, physische deformation- auf die frau in den wechseljahren projizieren und den weiblichen körper des midlife pathologisch erzählen; und frauen in heterosexuell-monogamen beziehungen, die das klimakterium gern als krankheit rationalisieren lassen, weil es ihnen endlich freiheit von sexueller fremdverfügung über ihre körper bringt und wechsel hin zu reifem sex, zu körperbegierde und extremgenuss, welch alles den gleichaltrigen mann physisch und psychisch überfordert.

Im MidlifeAlter gegenläufig: ein sexuelles AUF der Frauen und ein sexuelles AB der männer.

Birgit: "Meine Sexualität hat sich total verändert. Richtig stark und fordernd wurde sie erst, als ich Anfang/Mitte 40 war. Da hatte ich, ohne das ich es mir wirklich eingestehen wollte, Lust auf eine andere Form von sexuellem Erleben, Lust auf andere; irgendwann hatte ich das Bedürfnis nach mehr Abenteuer, mehr Aufregung, mehr Auflösung, mehr Entgrenzung. Lange lange lange habe ich nicht "ich" sagen können, hatte meinen Körper nicht für mich. Der Auflösungsprozess der Identitäten, eine tolle Erfahrung – dieses rauschhafte Glücklichsein als eigene Identität, als Einzelperson, dieses Gefühl von Einheit, von Sich-selbst-sein. Erotische Gefühle. Ein flash. Es geht sofort zwischen die Beine. Die unglaubliche sexuelle Lust. Das Begehren von seiten des Mannes. Was mich anturnt, ist der Moment, wo ich merke, der andere hat Lust auf Sex. Dann brechen bei mir alle Dämme. Der flash zwischen meinen Beinen erzeugt das Begehren des anderen. Es ist unglaublich, was es unter dem Sprachsystem für Ebenen von sensibler Kommunikation gibt. Die nicht-verbale Kommunikation haben nicht-europäische Menschen mehr kultiviert als europäische und nordamerikanische. In dieser Kommunikation gibt es eine unglaubliche Aufmerksamkeit. Es ist, als würde man Strahlen aussenden.Wenn man als Frau aus Europa kommt, dann ist es umso aufregender, begehrt zu werden, wirklich aus Freude am Sex begehrt. Das ist der westeuropäischen Sexualität fremd, man will nicht nachvollziehen, das das wirklich geht, Sex zwischen einer älteren Frau und einem jungen Mann, unproblematisch geht, Spass macht, toll ist. In Jamaica ist die Mischung von jung und alt viel selbstverständlicher. Es gibt ein anderes Verhältnis zum Sex. Das Alter spielt keine grosse Rolle. Ich habe alle europäischen Konventionen ausser Acht gelassen und reine Sexualität erlebt, ein unglaublich umwerfendes Erlebnis. Jedesmal war es ein unglaubliches Gefühl, als ich plötzlich merkte: der Mann möchte jetzt mit mir Sex haben. Es ist wie elektrische Ströme, die da ausgehen. Man braucht sich nicht mal zu berühren. Aber es gab den Moment, wo ich wusste, so, jetzt. Und es gibt auch kein Halten mehr. Jetzt läuft es ab. Es gibt Momente der Glückseligkeit. Ich habe schnell gelernt, mich nicht zu verlieben, habe versucht, das Befristete einzukalkulieren, die Gefühle auf den Zeitpunkt zu begrenzen. Ich sehe es als verheerend an, das junge Frauen in Europa als "Jungfrauen" in die Ehe gehen, das ihnen alle sexuellen Erlebnisse verboten werden, bevor sie den Mann für das Leben haben. Ich halte das ständige Verbot für verheerend für die Sexualität, das Gebot für Frauen, sich ständig zurücknehmen zu müssen." (Mein Heimliches Auge, 1997).

Wintereinbruch in Deutschland, minus 9 grad. In Moskau: minus 31 grad! Scharfer wind aus osten.

talEUban

Eine landschaft zwischen öder zersiedelung besserverdienender & wohntürmen: verwüstet von ihren weltläufigen bewohnern, die, obwohl in den halbentlaubten bäumen kein blatt sich bewegt, sturm anziehen, oder vielmehr sturm erzeugen, die gardinen wehen zu den fenstern hinaus-, & industriebrachen hinter plakatwänden mit reklame für produkte einer finanzmarktschreierischen zivilisation, von den wanderungen der toten im erdinnern aufgesprungene asphaltierung, im trockenen schlamm fahrspuren, eine kahle ebene mit grasnarben und flecken von grauem gebüsch, ein hund läuft über die strasse, eine hand quer in der schnauze, die finger sehen verbrannt aus, auf dem lichtmast ein vogel, dem der lautlose todesschrei eines anderen keine botschaft bedeutet, er interessiert sich nicht für vögel, & bürosilos der bierbrauer und banken, auf deren gläserner haut sich der himmel spiegelt: bayrisch blau mit weissen wolkenfötzchen auf dem heimflug zur arktis, die sonne im zenit, überflüssig das gras auszureissen, sie, die eine, verbrennt es auf der stelle.
Und zwischen allem die autobahn, dort die rasante fahrt eines exklusivmodells hin zum bürgerlich gepflegten segment einer europäischen metropole; und, in wortlosem stottern, abschirmung durch INTELLIGENCE, für die ZERO steht, je höher in der hierarchie, desto mehr nullen vor der PIN; ziffern nach der null bezeichnen die generationendifferenz: für die erfahrensten also die meisten; im übrigen ist die personage geschlechterdifferent: männer sind RICHTIGE männer und frauen NORMALE frauen. Zerosix und Zerosixsix sind agenten, und von letzterem wird vermutet, daß er maulwurf war; 077 befindet sich auf der suche nach nach den beiden sowie nach 0777.

Absteigt 07, in haltung und bekleidung ganz KULTURELLES ZEICHEN FRAU: lange Beine, schwarzer MiniLederRock, sich abzeichnende pofalte beim (be)steigen der stiege hinauf zum büro, wo von Zerozerosix sie mit kuss auf wange, hals und mund begrüsst wird, wo, bei flirtigem geplänkel, die vorderen reissverschlüsse an ihrer schwarzen lederkorsage geöffnet werden, die vom silikon hart und dunkel geschatteten brüste bloßgelegt; ohne den blick auch nur einmal zu heben, gibt Zerozerosix, männlich knapp, ihnen seine einweisung: es werden verdeckte aktivitäten von Zerosix, den man wegen seiner effizienz immer noch als prototyp der MESSENDEN MODERNE gelten läßt, und Zerosixsix sowie 0777 in erinnerung gebracht, und es wird 077 vorgestellt, ein bislang unaufgeklärter verlust, den ZERO zu verzeichnen hat.

07 erfährt vermutungen über gründe des verschwindens der vier agenten, das stichwort heisst: aiTOPu.

Die agentin also soll 077, die in der stadt kürzlich gesichtet wurde, suchen und observieren, dabei jedoch sich nicht in gefahr für leib und leben begeben: permanente informationspflicht unter geheimnummer, und zur persönlichen verfügung alle möglichen sachmittel sowie entsprechendes personal.

Zerozerosix packt 07 nun grob bei den brüsten und dreht ihren körper so, dass er sich von hinten an sie drängen und mit der linken hand von vorne zwischen ihre beine greifen kann; das ergebnis der prüfung verreibt er mit der handfläche auf ihrem busen, ein kneifender klaps auf ihren hintern noch, und Zerozerosix wendet brüsk sich von seiner agentin ab, indem er bedenkenlos schon das vergnügen imaginiert, das er am nachmittag an seiner hausfrau im luxuriösen eigenheim sich lustvoll bereiten wird.

07, die erregt ihre harten möpse wieder unter die reissverschlüsse gepresst hat, verlässt, in wortlosem stottern, den raum.

Später geht sie den hinweisen zum aufenthaltsort von 077 nach und wird, mit GEHEIMDIENSTTRICK 17, auch fündig; es ist eine hotelkomfortsuite mit exquisiten angeboten, die die agentin 077 als domizil gewählt hat.

Immer noch frisch und adrett aussehend, wartet 07, scheinbar zeitunglesend, in der hotelhalle auf das erscheinen von 077. Als die auftaucht, folgt sie ihr, ohne daß die verfolgung zu erkennen bemerkt würde, wie es scheint.

Der weg führt in einen bankscraper, wo 077 ruhig, so als ob sie 07 vorher nicht wahrgenommen hätte, ihre langwierigen und zeitaufwendigen bankgeschäfte abwickelt.

Derweil behält 07, auf und abgehend davor, die bankfassade im auge. Beim verlassen des gebäudes mustert 077 unauffällig und flüchtig 07, die ihrer zielperson weiterhin nachgeht, ohne sich dessen bewusst zu sein, dass längst schon sie die verfolgte ist. Sie übersieht das bein, das ihr gestellt wird, fällt hin, wobei sich auf dem gehweg der inhalt ihrer tasche verstreut. 077 kommt 07 zu hilfe beim einsammeln der sachen. Beide personen, die einander nur zu gut kennen, nehmen nun platz in einem café, geben, smallsmall talkend, eine bestellung auf. 077, im augenkontakt zu einer person gegenüber, fragt 07, die immer noch so toll wie kurz nach der morgendlichen schminkprozedur aussieht, nach ihrem herzenswunsch, worauf 07, noch immer erregt von der morgendlichen gier des Zerozerosix, ein vergnügen à quatre für sich arrangiert zu bekommen begehrt.

Im Z3 fahren beide zum hotel, wo 077 ordre gibt: ein weisser, ein schwarzer, ein brauner.

Während 077 am PC ihren bericht für ebia fertigt, belustigt sie zugleich sich über den statthabenden ablauf sexueller EIN-identität im nebenzimmer, wo 07: nackt, alkoholisiert und zugekifft-, gänzlich außer gefecht gesetzt im bette liegt.

Sie spricht zu einer anwesenden person, von der sicher ist, daß es sich nicht um Zerosixsix handeln kann, mokiert sich anhaltend laut über weibliche phantasien, so prämodern und fundamentalistisch, sagt sie, obwohl 07 doch ein IQ von annähernd 150 zuerkannt worden war.

Ich, 007, stehe allein im gläsernen fahrstuhl, der leise surrend an der aussenfassade des hochhauses, in dem ich arbeite, hinabgleitet. Ich bin gekleidet wie eine person, der sich andere anschliessen würden, wenn es um verhandlungen zum frieden ginge; mein eleganter seidenanzug macht mich als person individuell, ohne mich als geschlechtswesen auszuweisen, denn: nur DUMM zieht sich aus.

Ich fahre hinab, weil ich überprüfen will, mit welchem einsatz Zerozerosix meinen auftrag ausführt; sein büro ist in der dritten etage, nicht in der zwanzigsten, ich habe keinen zweifel daran, auch wenn ich darüber nachdenke, bleibe ich mir sicher, was den auftrag angeht und die etage, auf der sich das büro meines mir untergebenen Zerozerosix befindet. Vielleicht geht die welt aus dem leim, und der auftrag, der so wichtig war, dass ich mich veranlasst sehe, ihn persönlich zu kontrollieren, ist durch die fahrlässigkeit von Zerozerosix schon sinnlos geworden.

Ich verfolge den etagenanzeiger und denke an aiTOPu, ich war da und nun bin ich wieder hier; irgendwie zurückverfrachtet worden, wie hinverfrachtet, zweimal filmriss; ob ich von dort einen auftrag habe, weiss ich nicht, ich kann mich nicht erinnern, hier jedenfalls bin ich zu 007 aufgestiegen; aber wie ich mich verhalten soll, für wen ich da bin, welche informationen mir gegeben wurden, bis jetzt hat erinnerung daran sich nicht eingestellt, und ich fürchte, GYNEU haben sie in mir nicht vermutet; deshalb habe ich 08 zu meiner nachfolgerin bestimmt; 08, die mich in der ersten nacht schon mit meinem verdrängten triebschicksal konfrontierte, wie mit festem griff sie sich meiner brüste bemächtigte, sie minutenlang züchtigte, wie meine brustwarzen unter ihrer zunge sich aufrichteten, und wie der dildo sich in mir grätschte und fixierte, und wie am rande seine scharfkantigen rillen ungeahnte, vom penis wohl nie zu erreichende reize erzeugten, und noch ihre hand an meiner clit und die andere nach wie vor auf meiner brust und ihr mund auf meinem; was dagegen wären drei männer plus SHIT gewesen; durch 08 habe ich erfahren, wer einst ich war, was mir immer noch röte der scham ins gesicht treibt; und so also habe ich 08 beauftragt, aiTOPu zu finden, kein ort auf erden, habe ich ihr gesagt, kann heute unentdeckt bleiben, das ist nicht das problem, bald werden wir das WO wissen, aber nicht zugleich das WIE, wie wir hineinkommen in diese welt, welcher schlüssel zu dem schloss passt, finde das heraus, es scheint, sagte ich ihr, dass mir einige zacken gefehlt haben, denn sonst säße ich jetzt nicht hier mit dir. In 08, vermute ich, werden sie finden, was sie suchen, GYNEU nämlich, eine Person im eigenen Recht, sinnlich und finanziell unabhängig und reich abgesichert, geldanlagen auf höchstem niveau, gewaltig profitierend von der weltwährungssituation derzeitig, eine fachfrau im börsengeschäft, die gutes feeling für gewinnbringende spekulationen hat, IQ um die 180 herum, eine europäische frau, reflektiv sozialisiert, deren früheste erinnerungen in das dritte lebensjahr zurückgehen, wie sie sagt, und dass sie zu diesem zeitpunkt schon lesen konnte und kenntnis hatte von sich. Alles KULTUR, natürlich.

Auf den getönten spiegelwänden des fahrstuhls prüfe ich den sitz meines anzuges, meiner frisur und meines teints, alles OK. Unten auf der strasse sehe ich die zusammenrottung der talEUbanischen führer, wie sie aufklärerische toleranz quittieren mit der autorisierung, dass frauen von anderen frauen die lust herausgeschnitten wird, dass ihnen schleier und kopftücher aufgezwungen werden, dass ihre körper mit brennenden zigaretten "tätowiert" werden; männer, die skrupellos menschen ganzer dörfer massakrieren lassen, die mit lust für eine kleine prämie poeten jagen, sie haben hier plätze und strassen der stadt besetzt, barrikaden gebaut, den verkehr gesperrt, das elektrowerk genommen und die telefongesellschaft wie ebenso die bahn: mit

oberleitungen und gleisen kennen sie sich aus; freiwillig haben die banken ihnen einlass gewährt.
Und Zerozerosix, hat er meinen auftrag erfüllt, einen so wichtigen auftrag, dessen realisierung zu überprüfen ich mich existentiell gezwungen sehe, am telefon meldet er sich nicht, deshalb fahre ich im fahrstuhl abwärts und beobachte noch immer den etagenanzeiger, und ich habe noch dreiviertel der strecke vor mir, entscheidend ist der zeitfaktor, der fahrstuhl scheint zu stocken, die zeit, stelle ich mit grauen fest, das in meine haarwurzeln greift, arbeitet irgendwie nicht für mich.
GEGENSTANDSLOS vielleicht schon der auftrag, BEI DEN AKTEN, die niemand mehr einsehen wird, verspielt alles von einem subalternen; meine verzweiflung ist unendlich, mein kopf, dessen porträt seit kurzem die amtsstuben in diesem gebäude ziert, blut aus einem schwarzrandigen loch, der auftrag an Zerozerosix, beschlossen in meinem gehirn, das nichts mehr herausgibt, bis die tresore der ewigkeit sich öffnen, deren ziffernkombination zu entschlüsseln allein schon den ganzen scharfsinn der weisen frauen der welt erfordern wird, bevor noch die andere seite der wahrheit sich entschleiert. Drei männer, die mir äusserst bekannt sind, die geil einst ich einmal habe eingelassen in mich, betreten den fahrstuhl, sie tragen Uniformen, ihre krawatten sitzen fehlerfrei. Sie umzingeln mich, so daß mir keine bewegungsfreiheit bleibt; ich sehe die gesichter über mir, diese kleinen gemeinen männer, diese MÄNNlein, in deren körper MACHT aus 3000 Jahren gespeichert ist und die noch immer lächerlich sich aufblasen, solange das GEWALTsystem sie stützt; was aber hätten die erwachsenen sinnlichen frauen wohl schon zu sagen, und wenn sie für Zerozerosix arbeiten, dann hat er im hotel damals bei 077 sie mir zur Bedienung gestellt, dann war also alles abgekartet und auch die drogen und jene drei männer, denen keine wissenschaft der welt den namen ihres auftraggebers aus den hirnfasern zerren wird, mit ihnen wird er begraben werden, staatsbegräbnis, versprochen, kriege garantieren männern fressen und saufen, sex und tod; und auferstehung.
Warum hat auch 077, frage ich mich, damals kein misstrauen gezeigt, in der dritten etage werde ich von den männern aus dem fahrstuhl geschubst, sie stossen mich den gang entlang ins zimmer von Zerozerosix, einem weitläufigen und mit einem schweren teppich ausgelegten raum, worin der sich aber nicht aufhält; Zerozerosix sitzt nicht

hinter seinem schreibtisch, der an der hinteren schmalseite des raumes dem eingang gegenüber aufgestellt ist. Ich habe keinen schuss gehört, aber das beweist nichts, die wände seines büros sind natürlich schalldicht, mit zwischenfällen ist beim bau gerechnet worden, weil, was in diesen büros geschieht, die bevölkerung nichts angeht, die macht ist einsam, wo ist Zerozerosix; statt seiner nun drei schwarzköpfe in SS-ähnlichen uniformen mit offenen jacken, sitzen auf einer zweimalzwei meter doppelmatratze, sie scheinen mich zu kennen, denn einer, der jetzt auf mich zukommt, gibt den dreien, die mich hergebracht haben, ein OK; sie müssen mich festhalten, während er mir den blazer aufknöpft und die bluse zerreisst, um meine brüste anzusehen und zu berühren, mit der demütigung einer frau das amt entwerten, eine GEWALTige phantasie in den bild- und aufschreibesystemen wieder und wieder, BIG SISTER in EINER FLOG ÜBER DAS KUCKUCKSNEST, ALKESTIS & EURYDIKE, die hose wird mir vom körper gerissen und ich werde aufs bett geworfen zwischen die beiden anderen schwarzen kumpane, wovon der eine meine beine auseinanderreisst und latinlovergut meine klitoris leckt, während der andere meine brüste knetet und in die rechte brustwarze beisst, sich daran festsaugt; der anführer hat mir seinen schwanz in den mund gesteckt, ich soll ihn in der intensität bedienen, wie mich sein kumpan zwischen den beinen "verwöhnt", wo bloß, denke ich, ist Zerozerosix, hat er das hier auch für mich arrangiert, und mein dummer körper, denke ich, der reflexhaft reagiert bei entsprechender berühung, der sogar lust in der entartung noch spürt, meine brustwarzen blutig gebissen und schleimig-schmutzige flüssigkeit in den mund gespritzt, die ich schlucken muss, jemand, der in mich hineinstösst im bewegungsrhythmus eines anderen, der wiederum dem rhythmus eines anderen folgt, zwei männer, die ich kenne, deren krawatten mit festgezogenem knoten fehlerfrei sitzen, und während der dritte mit dem aus der hose herausstehenden glied sich in den brustwarzenbeisser anal versenkt, brauche ich nicht, weil es mir hier schon besorgt wird, denke ich, an Peru zu denken, wo vermutlich Zerozerosix sich befindet und zwei knaben beobachtet, die auf einem grasüberwachsenen bahndamm an einer kreuzung aus dampfmaschine und lokomotive herumbasteln, die auf einem abgebrochenen gleis steht, als Europäer wird er mit dem ersten blick sehen, dass ihre mühe verloren ist: dieses fahrzeug wird sich nicht bewegen, aber er sagt es den kindern nicht, er will sie in dem glauben lassen, dass arbeit hoffnung sei, während doch die landschaft, in der er sich bewegt, schon keine andere arbeit hat als auf das verschwinden des menschen zu warten, denke ich, hat er die weisse männlichkeit, die durch ENLIGHTENMENT nicht entmächtigt wurde, gesichert, sich neu verbünden lassen, der krieg, eine interessenlage von männern, es geht weiter, immer weiter, ich bin bei sinnen, mir ist es angenehm warm, ich höre vögel sanft zwitschern, aber auch laut kreischen, wie in den tropen, sprechen und lachen, windrauschen, motorengeräusche von kleinflugzeugen und hubschraubern; überall sommerliche pflanzen, ganz üppig und frisch; es wandeln aussergewöhnlich elegant gekleidete menschen undefinierbaren geschlechts und alters umher, zu zweit, zu dritt, in kleineren gruppen, regellos und musterhaft, so als führten sie einen höfischen tanz auf, sind miteinander im gespräch, in dem alle eine andere sprache sprechen, die je aber alle zu verstehen scheinen, ein polyglotter austausch, geistreich und humorvoll, auf einem schattigen kühlen innenhof, der mit glas überdacht ist, bin ich in den tropen, stein&stahl&glas, alles durchsichtig, oder in der arktis, ist es solarenergie oder erdwärme, die das klima so angenehm machen, ein geschäftiges hin- und hergehen, kommen und weggehen, sitzen und stehen, essen und trinken, rauchen, in der luft cannabisschwaden, sie berühren einander, hände, schultern, gesicht und haare, flüchtige leichte küsse, herzliche umarmungen, rauhes anboxen, beherrschte aggressionen, sportliche menschen, gut genährt und gepflegt, kein paarhaftes verhalten, niemand gehört jemand anderem, alle existieren in eigenem recht, namen weisen nicht auf geschlechtszugehörigkeit, sexualität ist privatsache, extreme präferenzen jedoch, die aus phobie gegen ein anderes sich aufbauen, gynophobie und androphobie, sind nicht zugelassen; die natur des menschen, sie leben sie, lustvoll und reich; trauer breitet sich in mir aus, mein auftrag scheint verschüttet, ich muss ihn vertan haben, mit einer drohung, die mich meint, haben sechs junge männer meinen weg gekreuzt, keine frau mit entblössten brüsten, nach der ich meine arme hätte ausstrecken können, sie ist besetztes land, eben die frau eines mannes, die auch mir ihre hände nicht reichen und ihre brust nicht entblössen würde für mich; eine versuchsanordnung für leben, die kein experiment ist, die roheit des entwurfs ein ausdruck der verachtung schon für die versuchstiere MANN VOGEL FRAU, die blutpumpe des täglichen mords, mann gegen vogel und frau, vogel gegen frau und mann, frau gegen vogel und frau, versorgt den planeten mit treibstoff, blut die tinte, die sein papierenes leben mit farben beschreibt, auch sein himmel von bleichsucht bedroht ohne die auferstehung des fleisches; gesucht: die lücke im ablauf, das stottern in der erdrotation, der vielleicht erlösende fehler; ich muss ohnmächtig gewesen sein, ich spüre kaltes eisen mitten in mich dringen, gefrorener sturm, die wunde am hals des vogels, der mit der schrift seines schnabels dem mörder den weg in die nacht zeigt.

talEUban

paraphrasiert u.a. zwei texte von Heiner Müller: "Bildbeschreibung"/"Der Mann im Fahrstuhl"